ChatGPT
写作超简单

安晓辉 著

WITH
ChatGPT,
WRITING IS SO EASY

人民邮电出版社
北京

图书在版编目（CIP）数据

ChatGPT写作超简单 / 安晓辉著. -- 北京：人民邮电出版社，2023.11
ISBN 978-7-115-62655-4

Ⅰ. ①C… Ⅱ. ①安… Ⅲ. ①人工智能－应用－写作 Ⅳ. ①H05

中国国家版本馆CIP数据核字(2023)第173357号

内 容 提 要

本书基于 AIGC（生成式人工智能）应用 ChatGPT，结合作者十多年的写作经验，详细介绍了使用 ChatGPT 写作的流程、方法和技巧，旨在帮助读者快速掌握如何使用 ChatGPT 创作内容。

本书分为 3 个部分：一是 ChatGPT 写作提示，涵盖选题、生成大纲、指定风格、指定角色、收集素材、生成标题、生成段落、生成摘要、仿写、写开头、写结尾、审校文章等任务；二是使用 ChatGPT 进行完整文章写作的方法，包括全包式 ChatGPT 写作、半包式 ChatGPT 写作、零工式 ChatGPT 写作；三是人工编辑 ChatGPT 生成的内容。另外，本书还介绍了如何利用 ChatGPT 快速生成文章、ChatGPT 写作的常见问题等内容。

本书提供实用的技巧、窍门和常见问题的解决方案，书末还有 64 例提示模板供读者直接使用，实操性强，适合所有想高效应对文字类工作的职场人、创业人及其他想提升内容产出效率的创作者。

◆ 著　　　安晓辉
　 责任编辑　郭　媛
　 责任印制　王　郁　焦志炜

◆ 人民邮电出版社出版发行　北京市丰台区成寿寺路 11 号
邮编 100164　电子邮件 315@ptpress.com.cn
网址　https://www.ptpress.com.cn
涿州市般润文化传播有限公司印刷

◆ 开本：720×960　1/16
印张：13.25　　　　　　2023 年 11 月第 1 版
字数：199 千字　　　　　2024 年 12 月河北第 9 次印刷

定价：69.80 元

读者服务热线：(010)81055410　印装质量热线：(010)81055316
反盗版热线：(010)81055315
广告经营许可证：京东市监广登字 20170147 号

前　言

写作是一项带有传播属性的技能，能帮助我们传递思想，让更多人了解自己；能帮助我们与他人建立深入的连接，让个人发展更为顺利。

不过，长期以来，写作都是相当有挑战性的事情：不会写作的人认为它难以掌握，从而对它望而却步；会写作的人认为它耗时耗力，难以坚持。

幸运的是，ChatGPT 的出现改变了这个现状，它能帮助我们克服诸多写作挑战，降低门槛，提高效能，优化产出。不管你是零基础的写作爱好者，还是经验丰富的写作高手，都能借助 ChatGPT 这一智能助手，开启全新的创作旅程。

学习 ChatGPT 写作的五大好处

很多人正在学习 ChatGPT 写作，因为掌握 ChatGPT 写作，有如下五大好处。

（1）零基础也能通过输出内容建立影响力

许多想写作但没有经验的人认为写作需要天赋，需要掌握各种写作技巧和专业知识，想得多了就没有勇气开始，即便开始了也会因为小挫折而迅速放弃。ChatGPT 的出现改变了这一现象，就算你是一个零基础的写作者，也能使用 ChatGPT 快速生成高质量的文章。

假设你没有写作经验，想要写一篇公众号文章或者小红书笔记来分享你的旅行经历。

没有 ChatGPT 的时候，你抓耳挠腮、殚精竭虑也写不出来，感觉非常痛苦。

但有了 ChatGPT，你就可以通过对话这种轻松的方式，简要描述你的旅行目的地和有趣的经历，然后，ChatGPT 就能自行补充丰富的背景信息，组织语言来连缀关键要点，形成文章。

这样，就算你在写作方面零基础，也能通过 ChatGPT 以生动有趣的方式输出内容，吸引读者，建立自己的影响力。

（2）写作效率提升不止 3 倍

传统的写作过程有许多环节，如整理思路、梳理大纲、收集素材、连缀成篇、编辑校对等，这些环节都非常耗时。你写一篇 3000 字的文章，可能要花 6 小时或者更长时间。

使用 ChatGPT，可以极大地提高你的写作效率。你有大纲的时候，ChatGPT 可以自动生成相关的观点、示例和论证逻辑，能够帮助你填补知识点之间的空白。你只有一个模糊的想法时，ChatGPT 能够为你提供清晰的思路，为你生成大纲，为你补充各式各样的有用信息。

举个例子，假设你是一名市场营销人员，需要撰写一篇产品推广的文章。你以传统的方式写作，可能需要花两天或者更长的时间。但使用 ChatGPT，只需提供产品的特点和目标受众等信息，它就能为你输出相关的市场数据、成功案例和推广策略，并能在你的指示下，快速完成一篇信息丰富、有说服力的文章。整个过程，可能只需要半小时。用 ChatGPT 进行内容创作，效率提升不止 3 倍！

（3）大大提升文字类工作的效率

除了可以进行内容创作，使用 ChatGPT 还能大幅提升各种文字类工作的效率。

如果你负责校对一份重要的商业报告，可以将完整的报告发送给 ChatGPT，它会自动检测和修正拼写错误及语法问题，同时还会提供一些提升文本质量的建议。这样，你就可以节省大量的时间和精力。

如果你是一名主管，想要发邮件和下属分享一种新的工作方法，你想到了这种工作方法的 6 个要点，此时就可以把这些要点提交给 ChatGPT，让它帮你补充、细化要点和各种相关信息，快速生成邮件主体内容。这样，你就可以省下很多时间。

（4）避免被善用 ChatGPT 写作的同事或同行淘汰

随着 ChatGPT 的普及，越来越多的人开始使用它来提高写作效率和质量。善用 ChatGPT 写作的人，工作效率可能成倍提升，一个人可以完成两三个人甚至更多人的工作。

如果不利用 ChatGPT 帮助你发挥写作潜力，你的竞争力或许会下降，那么你很有可能被那些善用 ChatGPT 写作的同事或同行淘汰。

想象一下，如果你是一名新闻记者，你的同事已经能够熟练使用 ChatGPT 快速生成新闻稿件，并且能够在短时间内完成大量高质量的文章，而你仍然采用传统的写作方法，在每一篇稿件上花费的时间都是这些同事的 3 倍或更多。相较于你的同事，你是否还能胜任这项工作？

学会使用 ChatGPT 写作可以快速提高工作效率，让你跟上时代的步伐，保持竞争力，避免被同事或同行淘汰。

（5）使你更轻松、更快乐

ChatGPT 是你可以信赖的写作伙伴，它可以为你提供灵感和解决方案。你不再需要孤独地面对空白的屏幕。ChatGPT 将与你互动，为你提供新的思维方式和创意，使你的写作过程更加愉悦和有趣。

学会 ChatGPT 写作，你能用更短的时间完成文字类工作，你的工作会更轻松。同时，你也将因此拥有更多自主时间，可以做自己想做的事情，这样你会更快乐。

综上，无论你是零基础的写作爱好者、希望提高产出效率的创作者，还是希望轻松完成文字类工作的职场人，使用 ChatGPT 都能为你带来巨大的好处：帮助你建立影响力，提高内容创作效率，助你轻松完成文字类工作，降低你被淘汰的风险，使你更轻松、更快乐。

让我们与 ChatGPT 一起开启写作新时代，探索个人发展的无限可能吧！

本书讲什么？

ChatGPT 写作是 ChatGPT 和写作的融合，因此本书努力覆盖这两方面的内容。

具体来讲，本书主要包括以下内容：

- ChatGPT 的介绍，包括 ChatGPT 是什么、ChatGPT 可以做什么、ChatGPT 对写作的影响及写作者的努力方向；
- ChatGPT 写作提示，包括 ChatGPT 的 4 种基础指令提示及其进阶用法、针对 22 种写作任务的提示模板与案例；
- ChatGPT 写作实践，包括全包式 ChatGPT 写作、半包式 ChatGPT 写作和零工式 ChatGPT 写作；
- 人工编辑 ChatGPT 生成的内容，包括核查事实、改开头、改结尾、调整素材、替换词语、优化衔接等；
- ChatGPT 写作的常见问题及解答。

本书适合谁？

本书的适用对象如下：
- 想通过写作传播专业知识但没怎么写过文章的你；
- 有一定写作经验但谋篇布局能力有欠缺的你；
- 写作经验丰富想大幅提升写作效率的你；
- 想借助 ChatGPT 搞定工作中文字类任务的你；
- 想借助 ChatGPT "征战"公众号、知乎、小红书、今日头条等内容平台获取收益的你；
- 好奇 ChatGPT 怎样写作的你。

学习本书的四大收获

学习本书，你将有如下收获：
- 掌握 ChatGPT 写作，拥有一项与 AI 时代同步发展的技能；
- 运用 ChatGPT 写作，提升工作效能；
- 具备强大的输出能力，加速个人发展；
- 掌握与 ChatGPT 沟通的方法，举一反三，将其应用到各种适用场景中。

本书约定

P | 表示标注的段落为提示；

A | 表示标注的段落为 ChatGPT 的回答。

资源与支持

本书由异步社区出品，社区（www.epubit.com）为您提供相关资源和后续服务。

配套资源

本书提供如下资源。

- 思维导图。

要获得以上配套资源，您可以扫描下方二维码，根据指引领取。

您也可以在异步社区本书页面中单击 配套资源 ，跳转到下载界面，按提示进行操作。注意：为保证购书读者的权益，该操作会给出相关提示，要求输入提取码进行验证。

如果您是用书教师，希望获得教学配套资源，请在异步社区本书页面中直接联系本书的责任编辑。

提交勘误

作者和编辑尽最大努力确保书中内容的准确性，但难免会存在疏漏。欢迎您将发现的问题反馈给我们，帮助我们提升图书的质量。

当您发现错误时，请登录异步社区，按书名搜索，进入本书页面，单击"发表勘误"，输入勘误信息，单击"提交勘误"按钮（见下页图）即可。本书的作者和编辑会对您提交的勘误进行审核，确认并接受后，您将获赠异步社区的100积分。积分可用于在异步社区兑换优惠券、样书或其他奖品。

与我们联系

我们的联系邮箱是 contact@epubit.com.cn。

如果您对本书有任何疑问或建议,请您发邮件给我们,并请在邮件标题中注明本书书名,以便我们更高效地做出反馈。

如果您有兴趣出版图书、录制教学视频,或者参与图书翻译、技术审校等工作,可以发邮件给我们;有意出版图书的作者也可以到异步社区在线投稿(直接访问 www.epubit.com/selfpublish/submission 即可)。

如果您是学校、培训机构或企业,想批量购买本书或异步社区出版的其他图书,也可以发邮件给我们。

如果您在网上发现有针对异步社区出品图书的各种形式的盗版行为,包括对图书全部或部分内容的非授权传播,请您将怀疑有侵权行为的链接通过邮件发给我们。您的这一举动是对作者权益的保护,也是我们持续为您提供有价值的内容的动力之源。

关于异步社区和异步图书

异步社区(www.epubit.com)是由人民邮电出版社创办的 IT 专业图书社区。异步社区于 2015 年 8 月上线运营,致力于优质学习内容的出版和分享,为读者提供优质学习内容,为作译者提供优质出版服务,实现作者与读者的在线交流互动,实现传统出版与数字出版的融合发展。

异步图书是由异步社区编辑团队策划出版的精品 IT 专业图书的品牌,依托于人民邮电出版社 40 余年的计算机图书出版经验积累和专业编辑团队,相关图书在封面上印有异步图书的 LOGO。异步图书的出版领域包括软件开发、大数据、AI、测试、前端、网络技术等。

目 录

第 1 章 ChatGPT 简介 / 1

1.1 ChatGPT 是什么 / 1

1.2 ChatGPT 可以做什么 / 2

1.3 ChatGPT 对写作的影响 / 4

第 2 章 快速体验 ChatGPT 写作 / 8

2.1 抛一个问题 / 8

2.2 提供一个概念 / 9

2.3 生成一篇 [主题] 的文章 / 11

2.4 让我们思考一下：[主题] / 14

2.5 12 种基础指令提示 / 15

2.6 文本生成指令的进阶用法 / 17

第 3 章 22 种写作任务的提示模板与案例 / 21

3.1 理解文章写作的 6 个环节 / 21

3.2 指定角色，让 ChatGPT 生成更优质的内容 / 24

3.3 根据关键词提供选题 / 30

3.4 生成文章大纲 / 36

3.5 生成一个段落 / 45

3.6 重写某个段落 / 46

3.7 展开某个段落 / 48

3.8 缩写 / 51

3.9 编写案例 / 53

3.10 收集数据 / 56

3.11 收集名人名言 / 56

3.12 写故事 / 58

3.13 提供同义词 / 66

3.14 生成标题 / 67

3.15 续写 / 72

3.16 生成摘要 / 79

3.17 以指定的风格生成内容 / 83

3.18 套结构仿写 / 89

3.19 写开头 / 93

3.20 写结尾 / 96

3.21 分析文章列大纲 / 102

3.22 为文章提供反馈 / 104

3.23 审校文章 / 106

第 4 章 ChatGPT 写作实践 / 115

4.1 全包式 ChatGPT 写作：你只管提问，ChatGPT 搞定所有事 / 115

4.2 半包式 ChatGPT 写作：你负责构思，ChatGPT 负责写作 / 135

4.3 零工式 ChatGPT 写作：你掌控一切，ChatGPT 按需为你服务 / 145

第 5 章　人工编辑 ChatGPT 生成的内容　　/ 155

5.1　删减冗余内容　　/ 155

5.2　核查事实　　/ 157

5.3　改开头（引言）　　/ 160

5.4　改结尾　　/ 166

5.5　调整素材　　/ 171

5.6　替换词语　　/ 173

5.7　修改句子　　/ 174

5.8　优化衔接　　/ 176

第 6 章　ChatGPT 写作的常见问题　　/ 180

6.1　文章没生成完就停止了怎么办？　　/ 180

6.2　无法输入长资料怎么办？　　/ 187

6.3　生成的内容千篇一律怎么办？　　/ 190

6.4　怎样细化写作提示？　　/ 191

提示模板索引　　/ 195

第 1 章　ChatGPT 简介

在开始学习 ChatGPT 写作之前，有必要先了解一下 ChatGPT。

1.1　ChatGPT 是什么

我们让 ChatGPT 介绍一下自己吧。

要让 ChatGPT "说话"，我们得先给它发送一些提示。我在输入框中输入如下提示。

P　你是一名人工智能专家，同时擅长写作科普文章，能把高深的技术讲得通俗易懂。现在，请你向不懂技术和人工智能的读者介绍一下 ChatGPT 是什么。

ChatGPT 理解了这个提示，用通俗易懂的话解释了 ChatGPT 是什么。

A　当我们在计算机上打字、发邮件或者与智能手机上的语音助手交互时，会发现这些设备可根据我们输入的文字内容或语音指令，给出相应的回答或建议。这种技术就是自然语言处理技术，而 ChatGPT 就是一种在自然语言处理领域中非常先进的技术。

ChatGPT 是一种人工智能技术，它可以理解并生成自然语言。它的全称是"Chat Generative Pre-trained Transformer"，它是由 OpenAI 开发的一个大型语言模型。这个模型是通过大量的数据训练而来的，它可以通过对人类日常语言的学习，来理解人类的语言表达方式，并生成相应的回答或建议。

如果你曾经使用过智能语音助手或在线聊天机器人，那么你可能已经体验过 ChatGPT 的一些功能了。它可以在不同的场景中帮助我们，例如，在我们进行网络搜索时提供准确的结果，在我们写作时提供自动生成内容和语法检查等功能，甚至可以辅助专业医疗人员进行诊断和治疗。

总之，ChatGPT 是一种先进的人工智能技术，可以帮助我们更好地理解和使用自然语言，提高工作效率，并且为未来的人工智能技术发展提供良好的基础。

看完 ChatGPT 生成的自我介绍，你大概就明白它是什么了。简单地讲，ChatGPT 是一个拥有"超能力"的聊天机器人，可以和你对话，理解你的要求，并做出相应的回应。

1.2　ChatGPT可以做什么

还是让 ChatGPT 告诉我们，它可以帮人们做哪些事。

我先发送下面的提示给 ChatGPT，让它列出它可以帮人们做的 10 件事。

P 介绍一下 ChatGPT 可以帮人们做哪些事情，覆盖至少 10 个方向。

ChatGPT 的回答如下。

A ChatGPT 的用途可以涵盖许多不同的领域和方向。以下是 10 个 ChatGPT 可以帮助人们完成的任务方向。

1. 写作和编辑：ChatGPT 可以帮助人们完成各种类型的写作任务，例如撰写电子邮件、报告、新闻稿等。它还可以进行自动校对和语法检查，确保文本无错误。

2. 搜索和信息获取：ChatGPT 可以根据人们的问题和需求，提供准确的搜索结果和答案。它可以通过搜索引擎和其他在线来源获取信息。

3. 自然语言对话：ChatGPT 可以与人类进行自然语言对话，并理解人们的意图和问题。这可以用于聊天、客户支持和其他各种交互式场景。

4. 翻译和多语言交流：ChatGPT 可以将文本翻译成多种语言，并帮助人们跨越语言和文化障碍进行交流和沟通。

5. 情感分析和情感识别：ChatGPT 可以帮助人们分析和理解文本中的情感，

并识别出文字作者的情绪和情感。

  6. 自然语言生成：ChatGPT 可以根据给定的文本，自动生成有意义的文本。这可以自动生成新闻、短故事、摘要等。

  7. 语音识别和语音合成：ChatGPT 可以将人们的语音转换为文本，也可以将文本转换为自然的语音。这可以用于自动转录、语音交互等。

  8. 自动摘要和文本分类：ChatGPT 可以根据文本内容自动生成简洁的摘要，并将文本分为不同的类别。

  9. 医疗诊断和医疗咨询：ChatGPT 可以帮助专业医务人员进行诊断和治疗，并向患者提供医疗建议和咨询服务。

  10. 机器人自动化和智能控制：ChatGPT 可以用于机器人自动化和智能控制，使机器人能够理解自然语言指令，并完成各种任务和操作。

  总之，ChatGPT 可以在许多不同的领域和方向发挥作用，帮助人们完成各种任务和操作。从写作和编辑到搜索和信息获取，再到医疗诊断和机器人自动化，ChatGPT 的应用潜力无限。

  你可以仔细看看 ChatGPT 列出的 10 个方向与你的工作和生活有哪些关联。ChatGPT 在回答的末尾说它的应用潜力无限。下面再试一下，发送如下提示给 ChatGPT，让它罗列 60 件可以帮人们做的事情，并以表格的形式输出。

P   按照以下指示罗列 ChatGPT 可以帮人们做的事情：事情名称不超过 6 个字，不要编号，事情数量为 60 件，整理成 4 列 15 行的表格。

  ChatGPT 收到上面的提示后，很快给出了下面的回答。

A   下面是按照您的指示整理的 ChatGPT 可以帮助人们完成的事情的表格。

写作	编辑	翻译	对话
搜索	知识获取	摘要生成	文本分类
提供答案	语言生成	自动校对	语音识别
语音合成	情感分析	信息整理	咨询服务
学习辅助	自动摘要	信息过滤	语言纠错

续表

写作指导	问题解答	内容生成	市场调研
音乐创作	影片剪辑	广告文案	电子商务
社交互动	交通导航	游戏娱乐	医疗咨询
法律咨询	投资建议	新闻稿	维护网络安全
科学研究	数据分析	人才招聘	项目管理
人物传记	智能控制	聊天陪伴	历史解读
旅行建议	健康咨询	美食推荐	环境保护
旅游导览	心理咨询	财务规划	艺术指导
学术写作	儿童教育	电子化签名	心理测评
会议安排	语言培训	公益活动简报	人机交互

请注意，这只是一个简单的示例，列举了一些 ChatGPT 可以帮助人们完成的常见事情。ChatGPT 的应用潜力远不止于此，它可以在更多的领域中发挥作用。

从 ChatGPT 的回答中不难看出，ChatGPT 的确可以帮我们完成许多事，尤其是文字处理方面的各项任务，它非常擅长。其中，写作、编辑、摘要生成、写作指导、自动校对等，都将是本书讨论的方向。

扫码关注公众号"AI 写作轻松学"并回复关键词"101"，查看 ChatGPT 的详细介绍。

1.3　ChatGPT 对写作的影响

本书关注的是 ChatGPT 写作，所以看看 ChatGPT 对写作有哪些影响。我们还是请 ChatGPT 来回答这个问题，将提示"让我们思考一下：ChatGPT 对写作的影响"发送给 ChatGPT，它的回答如下。

A　　　ChatGPT 对写作产生了重大的影响。它的存在和广泛应用已经改变了人们的写作方式和习惯。以下是 ChatGPT 对写作的一些主要影响。

1．提高写作效率：ChatGPT 可以帮助人们快速完成写作任务，从而提高写作效率。它可以自动完成一些烦琐的任务，例如校对和语法检查，从而使写作者能够专注于更有意义的工作。

2．提供灵感和参考：ChatGPT 可以生成与给定主题相关的灵感和参考文本。这有助于写作者在写作之前获取更多的信息和素材，以便更好地理解主题和话题。

3．改善文本质量：ChatGPT 可以根据语言和语法规则自动生成高质量的文本。它可以根据上下文和语境来自动调整语言风格和用词，从而帮助写作者改善文本质量。

4．自动化写作：ChatGPT 可以自动生成一些常见类型的文本，如新闻稿、摘要、报告等。这有助于节省时间和人力，提高工作效率。

5．个性化写作：ChatGPT 可以根据不同的读者和需求，自动生成不同的文本。这有助于定制个性化文本，以更好地满足读者的需求。

尽管 ChatGPT 在写作领域的应用带来了诸多好处，但也引发了一些担忧和争议。一些人担心，ChatGPT 会取代人类写作者，从而导致失业和文化衰落。另一些人则认为，ChatGPT 的应用需要人类监管和控制，以避免滥用和误用。因此，我们需要认真思考如何平衡技术进步和人类价值，以使 ChatGPT 等人工智能技术为人类社会带来最大的利益。

看到 ChatGPT 的回答，你可能会担心 ChatGPT 将取代写作者。在刚接触 ChatGPT 时，我也有这样的担忧。我和身边的不少写作者交流，他们也表达了类似的焦虑。现在，我让 ChatGPT 回答一下这个问题。我发送了下面的提示给 ChatGPT。

P　　　请回答以下问题：ChatGPT 会取代写作者吗？

ChatGPT 很快回答了我的问题。

A　　　ChatGPT 不会完全取代写作者。虽然 ChatGPT 能够自动生成高质量的文本，但是它目前还不能完全取代人类写作者的创造性和思维能力。人类写作者可以运用自己的想象力、经验和情感来创造独特的内容，而ChatGPT只是根据已有的数据和规则来生成文本。

此外，ChatGPT也存在一些局限性，例如，对某些特殊领域和主题的理解不够深入，以及对语境和情感的理解有限，等等。这些都限制了ChatGPT的应用范围和能力。

因此，虽然ChatGPT可以帮助写作者提高写作效率和文本质量，但它不能完全取代人类写作者的创造力和思维能力。在未来，人工智能技术和人类写作者应该相互协作，以创造更好的文本内容。

从ChatGPT的回答中可以看出，ChatGPT能大大帮助人们提升写作效率，能接替人们完成许多文字处理工作，它可以取代那些缺乏创造性和深入思考能力的写作者，但不能取代具有创造力和深入思考能力，能灵活运用想象力、经验和情感创造独特内容的写作者。

鉴于此，我们努力的方向就明确了：**持续培养创造力，提升思维能力，并将它们应用于特定领域，积累丰富的经验，使自己能处理复杂的问题；然后，利用写作技能和ChatGPT输出自己独特的观点。**

我这么说可能还是无法完全消除你的担忧，你心里可能会冒出一个问题："我该怎么应对ChatGPT带来的冲击呢？"

我也产生过类似的疑问，我的做法是，问ChatGPT，让它告诉我"答案"。下面是我发送给ChatGPT的提示。

P 作为写作者，如何应对ChatGPT带来的冲击？

ChatGPT收到提示后，回答如下。

A 作为写作者，我们应该积极应对ChatGPT带来的冲击，以保持自身的竞争力和价值。以下是一些应对策略。

1. 注重创意和思维能力：ChatGPT目前的应用主要局限在自动生成文本和基本编辑方面，因此，作为写作者，我们应该注重自身的创意和思维能力，从而创造出更加有价值和独特的内容。

2．提高专业技能和知识水平：随着人工智能技术的不断发展，写作领域也在不断变化和升级，因此，我们需要不断提高自己的专业技能和知识水平，以适应新的技术和趋势。

3．运用人工智能技术提高写作效率：虽然 ChatGPT 不能完全取代人类写作者，但它可以帮助我们提高写作效率和文本质量，因此，我们可以运用人工智能技术，例如自然语言处理工具、自动化写作软件等，来提高自己的写作效率和产出能力。

4．注重与读者的互动：人工智能技术不能完全替代人与人之间的交流和互动，因此，我们应该注重与读者的互动，了解他们的需求和反馈，从而更好地调整自己的写作内容和风格。

总之，作为写作者，我们需要适应人工智能技术的发展和变化，从而更好地提高自己的竞争力和价值。

从 ChatGPT 的回答看，要应对 ChatGPT 带来的冲击，写作者可以从创意与思维能力、专业知识积累、与读者互动等方面努力，提高自己的竞争力，保持自身价值；同时，也要积极拥抱 ChatGPT，提高写作效率。

本章内容到这里就要结束了，但你心里可能还有个疑问若隐若现：刚才发送给 ChatGPT 的那些提示是怎么回事呢？怎样才能写出类似的提示呢？

这是本书后续章节要教给你的。接下来，让我们进入下一章，快速体验 ChatGPT 写作。

如果你想集中了解 ChatGPT 提示的写法，请扫码关注公众号"AI 写作轻松学"并回复关键词"102"，查看对应文章。

第 2 章　快速体验 ChatGPT 写作

了解了 ChatGPT 的一些基本信息，现在我们来快速体验一下怎样用 ChatGPT 写作。

ChatGPT 生成内容的能力非常强大，你随便提供一些信息（这些信息通常被称为"提示"或"提示词"），它就能帮你生成能达到及格水平的文章。

这里我先提供 4 种最简单的使用 ChatGPT 写作的方式，之后再给出一些生成指令及其进阶用法，使用它们能让 ChatGPT 快速帮你生成一篇文章。

2.1　抛一个问题

给 ChatGPT 抛一个问题，它会分析问题，生成一篇文章。

提示如下。

P 没有工作经验的人该如何找工作？

ChatGPT 的回答如下。

A 即使您认为自己没有任何特定技能或专业知识，仍然可以用许多方法找到一份工作。以下是一些建议。

1. 思考自己的兴趣爱好和擅长领域。虽然您可能没有工作经验，但可能对某些领域感兴趣或已经学会了某些技能。例如，您可能对编写故事或文案感兴趣，或者您可能已经掌握了一些基本的计算机操作技能或语言能力。在找工作时，您可以尝试将这些兴趣和技能转化为职业。

2. 利用网络资源。利用社交媒体和职业网站，您可以找到各种职业机会。

通过发布求职信息和与潜在雇主联系，您可以接触到更多的工作机会。

3．寻找实习机会。对于那些缺乏工作经验的人来说，实习是一种很好的途径。通过实习可以获得实践经验，建立职业网络，这对日后找到全职工作非常有帮助。

4．提升自我学习的能力。学习能够帮助您提升自己的技能，例如参加在线课程、观看视频教程或参加工作坊。这些学习经历可以在您的简历和面试中展示出您的积极性和自我学习能力。

5．面试准备。在申请职位之前，请确保了解公司和职位的详细信息，以便准备面试；浏览公司网站和阅读职位说明，准备对常见问题的回答，并提升与他人沟通和表达自己的能力。

总的来说，找工作需要耐心和努力。您应当尝试利用各种机会来增加自己的技能并积累经验，保持积极的态度。即使您现在可能感觉自己没有什么特长，但通过不断努力和学习，您仍然可以找到一份令自己满意的工作。

ChatGPT 是智能的文本聊天机器人，我们和它交流，就像与人交流一样，彼此一问一答，是非常自然、顺畅的交互方式。

所以，你遵循日常交流的习惯，把想了解的问题直接抛给 ChatGPT，就可以从 ChatGPT 那里获得有价值的回答。

提问，正是让 ChatGPT 快速生成文章的一种方式。作为练习，你也可以试着抛各种问题给 ChatGPT，看它如何回答。

2.2 提供一个概念

把你想了解的概念提供给 ChatGPT，它也会据此生成一篇文章。
提示 1 如下。

P 内卷

ChatGPT 收到这个概念后，给出了下面的回答。

A | "内卷"是一个现代汉语词语,通常用来描述当下社会中的一种不健康的竞争状态,即由于各种因素(如社会压力、就业竞争等)的影响,人们为了追求更高的成就和更好的生活质量而不断地竞争、努力、奋斗,甚至可能超出了合理的范围。这种状态下,人们的生存、发展、幸福感等方面都会受到负面影响。

具体来说,内卷主要表现为以下几个方面。

1. 教育内卷。竞争日益激烈的社会,往往需要人们通过不断学习提高自己的竞争力。但过度的教育压力使得学生、家长和老师都沉迷于追求高分数、名校录取等目标,忽视了个体的全面发展。

2. 工作内卷。就业市场竞争激烈,导致人们不断加班、拼搏,以期获得更好的职业发展和薪资待遇。然而,过度的工作压力、长时间加班等负面影响也开始显现。

3. 生活内卷。社交网络的流行、社交媒体的影响等因素,使得部分人不断追求物质享受和社交认同,形成了消费、时尚、娱乐等方面的内卷状态。

总之,内卷是一种不健康的竞争状态,会导致人们整体素质的下降、人际关系的恶化、个体的身心健康问题等。为了避免内卷的负面影响,社会需要倡导平衡、多元、自主的竞争态度,让每个人都能够充分发挥自己的潜力和特长。

提示 2 如下。

P | 边际成本

ChatGPT 的回答如下。

A | 边际成本是指在某一生产量下,每新增一个单位产品所需增加的成本,也可以理解为增加一个单位生产量所需的额外成本。边际成本通常可以通过以下公式计算:

边际成本 = 总成本的变化量 / 生产量的变化量

在经济学中,边际成本是企业制定生产决策时需要考虑的重要因素。当企业增加生产量时,一个单位产品的生产成本往往会随之增加。当边际成本高于售价时,企业增加生产量就会造成亏损。因此,企业需要基于边际成本来制定合理的生产量和价格策略,以实现利润最大化。

边际成本也可以应用于其他领域，例如在做个人决策时，考虑增加消费量带来的额外成本和效益。在宏观经济中，边际成本也是制定经济政策需要考虑的重要因素，例如决定增加或减少公共支出等。

当你想写的文章涉及不熟悉的概念时，这种方式能给你极大的帮助。

2.3 生成一篇[主题]的文章

这种方式的提示模板如下：

> [生成|写]一篇[主题]的[文章|评论]

这里特别说明一下方括号中的内容。
- "[生成|写]"中用"|"分隔的两个词，是任选的关系，"生成"和"写"，你用哪个都可以。"[文章|评论]"也是一样的。
- "[主题]"中的"主题"需要替换为描述文章主题的短语。

下面是我套用模板写的一个提示。

P 写一篇关于终身成长的文章。

ChatGPT 针对此提示生成了下面的文章。

A 随着社会的不断发展和变化，人们的生活和工作环境也在不断改变。在这样的背景下，终身成长已经成为一种必要的生存方式。终身成长意味着人们要不断地学习、探索、成长，以适应变化，创造更好的未来。

终身成长是一个全面、综合的概念，它不仅仅是关于职业技能和知识的学习，还包括思维方式、情感素质、人际关系等多个方面的学习。它强调的是人的全面发展和个体的自我实现。通过不断学习和成长，人们可以更好地适应社会变化、充分发挥自己的潜力和创造更多的价值。

终身成长是一个持续的过程，需要人们持之以恒、不断努力。首先，人们需要培养一种积极、主动的学习态度。这意味着人们要有较强的求知欲望和自我驱动力，要不断寻找学习机会和挑战自己。其次，人们需要学会自我反思和自我评估,及时发现和弥补自己的不足之处,提高自身的素质和能力。最后,人们需要与他人交流、分享与合作,拓宽自己的视野,积累经验,共同成长和进步。

终身成长的重要性不仅仅体现在个人层面,也体现在社会层面。随着社会的快速发展和变化,各行各业的技能和知识也在不断更新和升级。人们如果停止学习和成长,就很容易被社会淘汰。而通过终身成长,人们可以保持竞争力,不断适应社会的变化。

终身成长已经成为时代发展的必然趋势,也是人类发展的必然要求。在未来的社会中,只有不断学习、不断成长的人才能在竞争中脱颖而出,实现自身的价值和追求。因此,我们应该始终保持终身成长的态度和行动,为自己和社会创造更美好的未来。

再看一个示例。

P 生成一篇讨论内卷的文章。

ChatGPT 的回答如下。

A 内卷是当今社会面临的一个普遍问题。在这个高度竞争的时代,许多人为了追求更高的成就和更好的生活质量而不断竞争,甚至不惜超出合理的范围,导致社会的整体素质下降、个体出现身心健康问题等诸多负面影响。

教育内卷是内卷问题的一个重要方面。许多学生和家长沉迷于追求高分数、名校录取等目标,却忽视了个体的全面发展。这些现象在某种程度上削弱了教育的本质功能,限制了学生的自主发展和创造力,甚至导致了考试作弊等不良行为的出现。

工作内卷也是内卷问题的一个方面。就业市场竞争激烈,许多人为了追求更好的职业发展和薪资待遇而不断加班、拼搏。然而,过度的工作压力、长时间加班等的负面影响也开始显现。许多人为了工作而牺牲了生活和家庭,或者遭受身心健康问题的困扰。

生活内卷则体现在社交网络的流行、社交媒体的影响等方面。部分人不断追求物质享受和社交认同,形成了消费、时尚、娱乐等方面的内卷状态,以致人们忽视了整体素质培养的重要性。

针对内卷问题，我们应该倡导平衡、多元、自主的竞争态度。教育需要注重个体的全面发展和创造力，而不应是单纯地进行学业培训。在职场中，应该强调工作与生活的平衡，保障劳动者的权益和健康。同时我们在生活中也需要提高公民素质，注重道德和人文素质的培养，促进社会和谐发展。

总之，对于内卷，我们需要认识到它的负面影响，并积极采取措施加以缓解和改善。我们需要从个体和社会两个方面入手，注重平衡和多元发展，摆脱单一、片面的追求，打造和谐、稳定的社会环境。

在个体方面，我们需要提高自身的素质和能力，注重全面发展。学生应该注重自身的学习和兴趣爱好，培养创造性思维和实践能力，不应仅仅追求高分数和名校录取。职场人士应该注重工作和生活的平衡，保障自身身心健康和家庭幸福，不应过度追求物质享受。

在社会方面，我们需要加强法治建设和社会监督，保障公平竞争和公正权益。同时，需要加强公共服务和社会福利的保障，让每个人都能够享有公平的机会和资源，摆脱内卷状态。另外，也需要强调社会公德和道德素质的培养，加强人文关怀和精神文化建设，营造健康、积极的社会氛围。

综上所述，内卷问题是当今社会面临的一个重要挑战，需要全社会的关注和努力。我们需要营造平衡、多元、自主的竞争氛围，推动社会的健康、和谐和可持续发展。

回顾上述示例，我们给 ChatGPT 发送的提示是"生成一篇讨论内卷的文章"。

这个提示开头的"生成"，实际是一个 ChatGPT 能理解和执行的指令。ChatGPT 一接收到这个指令，就会根据指令后面的信息生成文本，回复我们。

类似"生成"的文本生成指令还有不少，这里我们先不展开，后面会集中介绍。下面我们接着看第四种生成文章的方式。

2.4 让我们思考一下：[主题]

这种方式的提示模板如下：

> 让我们思考一下：[主题]

这个提示会让 ChatGPT 生成反思性文本，可以用来快速生成一篇文章。主题可以是一个概念、一种现象、一个问题等。

下面是一个套用模板的提示。

P 让我们思考一下：内卷。

ChatGPT 给出的结果如下。

A 内卷是一种社会现象，它指的是在一个社会群体内部，由于种种原因，人们之间存在着极度竞争的现象，这导致大量的资源和时间被浪费在互相攀比和竞争上。在这种情况下，许多人会追求高标准，严格控制自己，甚至不惜付出极高的代价来达到所谓成功的标准，这样就会导致一种不健康的心态和生活方式。

内卷现象在许多层面中都存在，包括教育、工作、家庭等。例如，在教育层面中，由于竞争激烈，很多学生被迫在疲惫和焦虑的情况下追求高分数，而忽视了自己的兴趣和爱好。在工作层面中，许多人为了追求职业成功而牺牲了个人时间和健康。

对于内卷现象，社会需要采取一些措施来应对。这些措施可能包括改革教育制度，减轻学生的学业负担，提高社会保障水平，改善工作环境，提高工作效率，等等。此外，个人也应该积极调整自己的心态和生活方式，摆脱不健康的竞争和攀比心态，关注自己的内在需求和价值，建立积极、健康的生活方式和人际关系。

与之前的"生成"类似，"思考一下"也是 ChatGPT 能够理解的指令，ChatGPT 捕获到这个指令后，会提取相关的信息，进行解释、分析、思考，输出相应的结果。

2.5　12种基础指令提示

前面介绍了4种快速生成文章的方式，覆盖了驱动ChatGPT工作的两种典型"魔法"：提问和发指令。提问的方式与日常交流类似，不再赘述。这里我重点讲一下发指令。

发指令就是把某种指令发送给ChatGPT，ChatGPT按指令做特定的事情。想象一下军训的情景，指令就是教官口中的"立正"，被训练的你就是ChatGPT，听到"立正"，你就会做出相应的动作——两脚跟靠拢并齐，两脚尖向外分开约60度，两腿挺直，小腹微收，自然挺胸，上体正直，微向前倾，两肩要平，稍向后张，两臂自然下垂，手指并拢自然微屈，等等。

ChatGPT可以理解"生成"与各种类型内容的组合，比如与"文章""故事""诗歌""电子邮件""新闻报道""科普文章""文案""笑话""说明书""口号""段落""标题""大纲""摘要"等的组合。你可以试试发出"生成一首歌颂春天的诗歌""生成一个励志故事"等指令，看看效果。

可用于快速生成文本内容的基础指令提示还有很多，下面是较常见的12种指令。

- 写一篇文章，生成一篇文章或一个段落。示例："写一篇文章""写一篇关于演讲的文章"。
- 定义，提供概念或词语的定义。示例："定义智能手机""定义重力"。
- 解释，解释特定的概念或现象。示例："解释厄尔尼诺现象""解释市盈率"。
- 类比或比喻，使用类比或比喻来解释概念或现象。示例："比喻深度学习""类比深度学习"。
- 举例，提供一个或多个例子来解释概念或现象。示例："举例说明公地悲剧现象""举例说明双因素理论的应用"。
- 描述，描述特定的人、事、物等。示例："描述爱因斯坦""描述小提琴"。
- 介绍，介绍特定的人、事、物等。示例："介绍《三国演义》""介绍ChatGPT"。

- 分析，对某个话题、事件或现象进行分析。示例："分析黄河的水文特征""分析玄武门之变"。
- 比较，对不同的人、事、物进行比较。示例："比较桃花和樱花""比较樱桃和车厘子"。
- 评论，对某个事件、人物、观点等发表个人评论。示例："评论1929年经济危机""评论世界杯金靴奖得主罗纳尔多"。
- 回答，回答特定的问题。示例："回答'心情低落时该做些什么'""回答'出门忘带钥匙了怎么办'"。
- 解决问题，提供解决某个问题的建议或方案。示例："解决问题：交通拥堵""解决问题：公地悲剧"。

以上这些指令和特定主题的关键词结合起来，可以指示 ChatGPT 快速生成相应的文本内容。你可以测试上面为每种指令提供的示例，看看效果。

基础指令提示的结构如图 2-1 所示。

图 2-1　基础指令提示的结构

之前我们演示过的一个提示——"生成一篇讨论内卷的文章"，就是按这样的结构构造出来的，具体分析如图 2-2 所示。

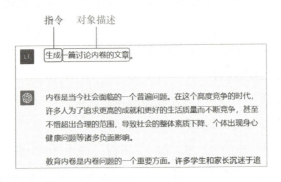

图 2-2　基础指令提示的例句分析

用文字来表示这种提示结构，是这样的：

[指令][对象描述]

其中，"[指令]"表示实际的文本生成指令，如"生成""分析""介绍"等；"[对象描述]"表示指令作用的对象，如"一篇讨论内卷的文章""《三国演义》"等。"分析黄河的水文特征""评论世界杯金靴奖得主罗纳尔多"这些提示，都是按照这种提示结构构造的。

你也可以参考这种提示结构，根据自己的想法创造提示，将其发送给ChatGPT，测试效果。

2.6 文本生成指令的进阶用法

采用"指令+对象描述"这种提示结构创作的指令提示往往比较简单，难以精细控制ChatGPT生成我们期待的内容。为了让ChatGPT的回答更有针对性，我们需要给它提供更具体的指示。这时就要用到进阶指令提示了。

进阶指令提示的结构如图2-3所示。

图2-3 进阶指令提示的结构

这种结构对应的提示模板，有如下两种形式：

按照以下指示[指令][对象描述]：[具体指示]

[指令][对象描述]，遵循以下指示：[具体指示]

其中，"[指令]"表示实际的文本生成指令，如"生成""分析""介绍"等；"[对象描述]"表示指令作用的对象，如"一篇讨论内卷的文章""《三国演义》"等；"[具体指示]"表示你想要传递给ChatGPT的附加要求。

举两个例子，以便理解。

第一个例子的提示，按第一种形式构造，如图 2-4 所示。

按照以下指示 [指令] [对象描述]：[具体指示]
分析 ChatGPT 和搜索引擎的不同之处：按表格形式输出

图 2-4 按"按照以下指示 [指令] [对象描述]：[具体指示]"构造的提示

提示如下。

P 按照以下指示分析 ChatGPT 和搜索引擎的不同之处：按表格形式输出。

将上述提示发送给 ChatGPT 后，ChatGPT 给出的结果如下。

A 下面是 ChatGPT 和搜索引擎的不同之处（表格形式）。

方面	ChatGPT	搜索引擎
技术基础	ChatGPT 基于深度学习技术，是一种语言模型	搜索引擎基于计算机算法和数据索引技术
信息来源	ChatGPT 的回答基于模型训练的数据集和语言规则	搜索引擎的结果基于互联网上已有的信息和网页内容
目的	ChatGPT 主要用于自然语言处理、智能客服等场景，旨在提供便捷的人机交互体验	搜索引擎主要用于信息检索，旨在帮助用户找到特定的信息
交互方式	ChatGPT 是一种可交互的 AI 实体，能够对用户的输入进行回应和学习	搜索引擎只提供查询功能，无法进行交互和学习
适用范围	ChatGPT 更适用于对话场景，能够理解和生成自然语言	搜索引擎更适用于文档检索场景，能够根据关键词和语义检索相关信息
数据量需求	ChatGPT 的训练需要大量的文本数据来提高模型的准确性和可靠性	搜索引擎的数据索引需要大量的网页内容来提供丰富的搜索结果
算法优劣	ChatGPT 在处理自然语言方面较为优秀，但对于长文本和复杂逻辑的处理还有一定不足	搜索引擎在信息检索方面表现出色，但其语义理解和复杂推理能力有一定不足

第二个例子的提示，按第二种形式构造，如图 2-5 所示。

分析 ChatGPT 和搜索引擎的不同之处，遵循以下指示：按表格形式输出
[指令] [对象描述] [具体指示]

图 2-5 按"[指令] [对象描述]，遵循以下指示：[具体指示]"构造的提示

提示如下。

P 分析 ChatGPT 和搜索引擎的不同之处,遵循以下指示:按表格形式输出。

把这个提示发送给 ChatGPT,ChatGPT 给出的结果和第一个例子基本一致,如下。

A 下面是 ChatGPT 和搜索引擎的不同之处(表格形式)。

方面	ChatGPT	搜索引擎
技术基础	基于深度学习技术	基于计算机算法和数据索引技术
数据来源	基于模型训练的数据集和语言规则	基于互联网上已有的信息和网页内容
目的	主要用于自然语言处理、智能客服等场景,旨在提供便捷的人机交互体验	主要用于信息检索,旨在帮助用户找到特定的信息
交互方式	可以对用户的输入进行回应和学习	只提供查询功能,无法进行交互和学习
适用范围	更适用于对话场景,能够理解和生成自然语言	更适用于文档检索场景,能够根据关键词和语义检索相关信息
数据量需求	训练需要大量的文本数据来提高模型的准确性和可靠性	数据索引需要大量的网页内容来提供丰富的搜索结果
算法优劣	在处理自然语言方面较为优秀,但对于长文本和复杂逻辑的处理还有一定不足	在信息检索方面表现出色,但语义理解和复杂推理能力有一定不足

上述进阶指令提示示例中,具体指示只有一条,实际你可以提供多条指示,指示之间用逗号或分号分隔即可。下面是一个提示示例。

P 按照以下指示介绍智能手机:用小学生能理解的语言;多用比喻帮助读者理解。

将这个提示发送给 ChatGPT 后,它生成了如下内容。

A 智能手机就像是一个神奇的小盒子,里面装满了各种厉害的东西!它不仅仅是一部电话,还是一个可以做很多事情的工具。

首先,智能手机就像是一张魔法纸,上面可以显示出各种图画和文字。你可以用它看漫画、看电视剧,还可以用它来读书和看新闻。就像你的眼睛一样,智能手机可以帮助你看到世界上发生的各种各样的事情。

其次,你可以通过它发送消息和打电话给朋友和家人,就像是用魔法传音一样。你还可以通过它与全世界的人交流，听到不同地方的人说话。

而且，智能手机还有强大的记忆力。你可以用它存储你喜欢的照片和视频，记录生活中的美好瞬间。它就像是一个小小的宝盒，装着你的回忆和故事。

最后，智能手机还是一个有很多小工具的魔法包。它有时钟可以告诉你时间，有地图可以帮你找到路，有计算器可以帮你解决数学问题。

总而言之，智能手机就像是一个小小的魔法世界，拥有各种神奇的功能。它可以帮助你看世界、听世界、记住世界，还能带给你无尽的乐趣和便利。无论是小学生还是大人，都会被它吸引！

后续章节在讲解各种写作提示时，会频繁用到进阶指令提示，希望你能参照前面讲的例子，自行构造几个提示，多多练习，直到能熟练应用。

第 3 章 22 种写作任务的提示模板与案例

本章先介绍文章写作的 6 个环节，然后分 22 种写作任务介绍如何使用 ChatGPT 写作的提示模板与案例，旨在为后续写作完整的文章奠定基础。

强烈推荐你采用如下 3 种方式学习本章给出的提示：
- 用看到的每一种提示进行测试，观察效果；
- 改动提示中的部分信息，测试效果；
- 模仿本章给出的提示，撰写自己的提示，测试效果。

3.1　理解文章写作的 6 个环节

在开始讲解 ChatGPT 写作提示之前，先要介绍一下文章写作的 6 个环节，这有助于我们更好地理解和运用各种写作提示。

我从 2013 年开始写作技术博客，到现在写作已超过 10 年。根据我的经验，写作大概可以分为 6 个环节：
- 策划选题；
- 草拟标题；
- 梳理大纲；
- 连缀成篇；
- 检查文章；
- 打磨标题。

下面逐一简要介绍。

(1) 策划选题

选题即写作的对象、文章的内容,比如文章《那些很厉害的人是怎么构建知识体系的》的选题就是"知识体系的构建方法"。

策划选题,就是明确一篇文章要写什么。

(2) 草拟标题

标题指概括文章主旨的短语或句子。

标题决定了读者会不会打开文章来阅读,因此我们要结合文章主旨,拟定一个既能反映文章核心价值又能吸引读者的标题。

(3) 梳理大纲

造房子时,你会准备大量的材料,如砖、瓦、石板、沙子、水泥等,但把这些材料随意堆在一起,并不能得到一栋房子。要想得到一栋房子,你得先搭好框架,划分好功能区域,然后再按照这样的框架,把材料组织到一起。

写文章和造房子类似,也得先搭建合适的框架,划分出合理的内容模块,接着围绕框架把观点、案例、数据、图表等有机组织在一起。这样写出来的文章才不会杂乱无章,才可能脉络清晰,主题突出。

文章框架的外在呈现就是大纲,其形式和图书目录、论文目录类似。

梳理大纲就是根据文章选题,提炼主题、子主题,收集素材、论据,并将它们按特定逻辑和顺序组织在一起的过程。

(4) 连缀成篇

连缀成篇就是字面意义上的"写作",即根据大纲将各个部分连接起来形成文章。

连缀成篇时,我们通常会按顺序完成如下 5 个部分:

- 引言/开头;
- 主体;
- 结尾;
- 参考文献;
- 附录/注释。

下面逐一简要介绍。

① 引言/开头

引言就是我们常说的文章开头，一般用来引出文章主题。

引言的作用是让读者初步了解文章内容，激发读者兴趣，让他们愿意继续阅读下去。

引言可以是一段话、一条数据、一个故事、一个问题、一个场景、一句名言、一条热点新闻及任何能够引起读者兴趣和好奇心的形式。

标题决定了读者是否会打开文章，引言决定了读者是否会继续阅读文章。请务必重视引言，力争写出既能体现文章主题又能激发读者阅读意愿的引言。

② 主体

主体通常包括作者所要传达的具体信息、观点、论据和结论等，以及对这些内容的详细阐述。

作者为了组织主体部分，使其条理清晰，通常会采用一些经典结构，比如因果结构、顺序结构、陈列结构、2W1H[What（是什么）、Why（为什么）、How（怎么做）]等。

还有许多作者，为了增强文章的可读性和吸引力，会在文章中引用图表、案例、数据、名人名言等素材。

③ 结尾

结尾通常用于总结文章的主要内容，强调文章的结论或者提出需进一步思考的问题。

结尾有许多形式，比如总结结论、提出问题、呼吁行动、引用名言等。

好的结尾要能让读者对文章的主题和结论印象深刻，引起读者的思考，促进读者的行动。

④ 参考文献

如果文章参考了其他文献或研究成果，应该在文章末尾列出文献的名字及出处。这样一方面可以表示对他人成果的尊重，另一方面可以证明文章的可靠性和权威性。

实际情况是，网络上的许多文章都会省略这个部分。

⑤ 附录/注释

如果一篇文章引用了需要读者进一步了解但放在正文又会影响行文节奏的信息，就可以在文章结束之后，以附录/注释的形式，补充更丰富的信息。

实际情况是，网络上的许多文章都会省略附录/注释。

（5）检查文章

文章初稿完成后，往往存在错漏，比如用词不当、错别字、语法错误、语句顺序颠倒等。按照特定的流程检查文章，可以消除明显的问题，提升文章质量。

（6）打磨标题

标题对吸引读者打开文章的作用怎么强调都不为过，甚至可以说，其作用是决定性的。

因此我们在发布文章之前，一般需要再次打磨标题，力争拟出有吸引力的标题。

以上就是写作一篇文章大致会经历的 6 个环节，其中每个环节都包含很多能够提升文章质量的方法和技巧，这里我们不做展开，后面用到时再讲解。

3.2　指定角色，让 ChatGPT 生成更优质的内容

实际上，我们用 ChatGPT 写作的过程，就是请 ChatGPT 回答问题的过程。

当你不指定角色，直接向 ChatGPT 提问时，它就是一个"普通人"（普通的 ChatGPT），给你的回答也是普普通通的，类似"正确的废话"——看起来都对但较难落地。

当你给 ChatGPT 指定一个角色，并解释清楚角色的知识背景、技能树及风格特点后，ChatGPT 就能扮演这个角色，根据你所设定的角色，针对你的问题，提供更专业、更详细、更具实操性的答案。

以下面这个问题为例。

P　我非常惧怕领导，在公司里见到领导总是想躲着走，有机会也不敢主动去争取，害怕完成得不好，领导会对我有看法，我该怎么办？

先不指定角色，直接把上面的问题发送给 ChatGPT，它的回答如下。

A　害怕领导和担心他们对你有看法是一种常见的情绪，许多人都有过类似的感受。以下是一些建议，希望能帮助你处理这种问题。

1. 了解自己的价值。首先，要明白你在公司中的价值和能力，认识到你所做的工作对公司的重要性，并确信自己有能力完成任务。相信自己的价值和能力是克服惧怕的第一步。

2. 寻求支持。和信任的同事或朋友谈谈你的感受，他们可能给予你一些建议或鼓励。同时，建立积极的工作关系也很重要，找到一位可以支持和指导你的导师或合作伙伴。

3. 做好准备。当你面对领导时，提前做好准备是减少焦虑的有效方式。了解你的工作任务和目标，并确保你对它们有清晰的理解。有备而来可以增强你的自信心，使你更有能力回答问题或提出意见。

4. 争取反馈。主动寻求领导的反馈是发展个人能力的关键。完成任务后，寻求领导的反馈，可以帮助你了解自己的表现，并获得改进的机会。通过积极面对反馈，你可以逐渐提高自己的工作质量，并增强与领导互动的信心。

5. 设定小目标。将大的任务分解为小的、可管理的目标，逐步完成这些小目标会给你一种成就感，同时帮助你建立起对自己能力的信心。

6. 学习和成长。持续学习和提升自己的技能可以增强你的自信心。参加培训课程、阅读相关书籍和文章，与行业专家或同行交流，都是提升自己的途径。

7. 积极面对挑战。尽可能主动地接受新的任务和挑战，这样你可以锻炼自己的能力并展示自己。通过积极面对挑战，你将逐渐提高自己的能力，并减少对领导的惧怕。

最重要的是，要记住每个人都有自己的强项和发展空间。通过克服恐惧、自我提升和与领导建立积极的工作关系，你将能够更自信和自主地与他们交流，并实现个人职业发展。

ChatGPT 给出了 7 条建议，面面俱到，而且看起来都很正确。但你细看就会发现，每一条建议都比较宽泛，实际较难落地。同时，建议多为散点，彼此之间没什么关联。整体来说，这些建议像是有点经验的人凭感觉输出的内容，听起来有道理，实际却不够专业和系统。

现在我们给 ChatGPT 指定角色，看看会发生什么。新的提示如下。

P 你是一名认知行为流派的心理咨询师，很擅长帮助来访者发现心理健康问题并提供应对策略，帮助提升问题解决能力。回答以下问题：我非常惧怕领导，在公司里见到领导总是想躲着走，有机会也不敢主动去争取，害怕完成得不好，领导会对我有看法，我该怎么办？

提交后得到下面的回答。

A 作为一名认知行为流派的心理咨询师，我理解你面临的困扰并愿意为你提供一些建议和策略来应对这种恐惧。以下是一些认知行为流派的方法，可帮助你应对这种情况。

1. 意识到恐惧的根源。首先，尝试深入了解你对领导的恐惧的根源。是什么让你感到害怕？是过去的经历、过高的期望还是对评判的恐惧？意识到这些根源将有助于你更好地应对它们。

2. 挑战负面自我评价。经常性地怀疑自己的能力和价值观念可能导致对与领导互动的恐惧。尝试挑战这些负面自我评价，并寻找证据来证明它们不正确或不完全正确。建立积极的自我评价和对自己肯定的态度。

3. 设定合理的期望。追求完美或对自己要求过高可能增加压力和焦虑。设定合理的期望，意味着接受自己不可能在所有情况下都表现完美。关注持续进步和学习，而不是过于强调结果。

4. 采用积极的自我对话。负面的自我对话往往会增加焦虑和恐惧。学会转变负面思维，采用积极的自我对话。当你感到害怕时，告诉自己你有能力应对，并给自己一些鼓励和支持的话语。

5. 逐步面对恐惧。逐步暴露是认知行为疗法中常用的技术。尝试逐渐面对你的恐惧，例如主动参与一些与领导相关的活动或提出问题和意见。通过逐步暴露自己，你可以逐渐减少对领导的恐惧。

6. 寻求支持。向信任的同事、朋友或者职业导师讲述你的恐惧。他们可以提供支持、理解和鼓励，并与你一起探索更积极的应对策略。

7. 寻求专业帮助。如果你的恐惧感过于强烈，影响到你的工作和生活，那么你应当寻求一位专业的心理咨询师的帮助。他们可以提供更个性化和深入的指导，帮助你应对和克服这种恐惧。

记住，克服恐惧需要时间和努力。通过实践这些策略，你可以逐渐增强面对领导时的自信，提高问题解决能力，并发展出健康的问题应对策略。

这个版本的回答也给出了7条建议。

对比没指定角色的回答，你会发现，这里的建议更具体，实操性更强。同时，像意识到恐惧的根源、挑战负面自我评价、逐步面对恐惧等建议是有关联性的，它们彼此配合，形成了一套系统的做法，显得更加专业。

对于那些我们认为可以落地的建议，还可以请ChatGPT继续讲解。

比如，我们不清楚如何"挑战负面自我评价"，就可以用下面的提示，让ChatGPT展开讲解。

P 展开说说第2条建议，遵循以下指示：使用详细的例子说明挑战负面自我评价的过程。

这个提示让ChatGPT展开讲解"挑战负面自我评价"这条建议，并举例说明挑战过程。ChatGPT的回答如下。

A 当我们面对负面的自我评价时，挑战这些评价并寻找证据来支持积极的观点是一种有效的策略。以下是一个示例，展示了挑战负面自我评价的过程。

1. 负面自我评价。假设你有这样的负面自我评价："我总是做得不好，领导对我没有好的评价。"

2. 详细的例子。回想一下过去的工作任务或项目，找到一个你认为自己表现不佳的例子。例如，你可能记得一次在会议上被领导质疑的经历。

3. 挑战负面自我评价。现在，尝试挑战这种负面自我评价。回顾这次会议，思考是否还有其他因素导致你表现不佳，比如时间压力、缺乏相关信息或者没有做好充分的准备。思考一下这个例子是否代表你整体的工作表现。

4. 寻找证据。找出与负面自我评价相矛盾的证据。回顾过去的工作任务或项目、寻找你在其他方面取得的成功或得到的认可，这可能包括顺利完成其他任务、获得同事或客户的赞扬，或者得到领导的积极反馈。

5. 确定平衡观点。综合这些证据，确定一个更加平衡和客观的观点。例如，你可以说："尽管我在那次会议上可能表现不佳，但在其他项目中我取得了成功，而且我得到过正面的反馈和表扬。"

6. 建立积极的自我评价。通过持续地关注和强调你的优势和成就，建立积极的自我评价。每天花一些时间回顾你在工作中的成功和进步，写下一些肯定和鼓励自己的语句，强化积极的自我形象。

通过这个过程，你会找到支持积极观点的证据，并逐渐建立积极的自我评价。这将有助于减少对领导评价的担忧，增强自信心，并更好地应对相关的工作场景。

这个示例给出了一个具体的负面评价，一步一步演示了挑战过程，看完之后，我们就能明白如何挑战负面自我评价。

指定角色是从ChatGPT那里得到有效回答的强大技巧。你要写哪个领域的文章，就找到那个领域的从业者的身份和背景，将它们赋予ChatGPT。ChatGPT一旦接受了你赋予它的角色，就能给出符合角色身份背景的专业回答。

指定角色时，至少要做如下两件事：

- 给ChatGPT一个角色，如心理医生、健身教练、导游、程序员等；
- 解释角色的知识背景、技能树及风格特点等。

指定角色的难点在于：你不会写你不熟悉的角色。比如你想让ChatGPT扮演犯罪心理学家，但你不知道犯罪心理学家具有哪些知识、能力和经验，就很难描述这个角色。

幸好，网上已经有人整理好了角色库，内含很多角色，你复制、粘贴相应角色的知识背景、技能树及风格特点等内容，稍加修改，就可以使用。具体请参见GitHub 的"/f/awesome-chatgpt-prompts"。这里的角色信息是全英文的，想用中文的，可以自己翻译，或者使用ChatGPT翻译（ChatGPT英译中水平较高）。

观察我前面使用的ChatGPT提示（见图3-1），你会发现，除了指定角色这个部分，其中还有一部分内容是在描述我让ChatGPT完成的任务。

图 3-1 带角色的 ChatGPT 提示拆解

实际上,典型的带角色提示的模板通常包括 3 个部分:指定角色、描述任务和补充要求,如图 3-2 所示。

图 3-2 带角色提示的结构

指定角色这个部分,刚才已经详细介绍过了,它通过设定角色名字和角色特征,帮助 ChatGPT 从普通模式进入专家模式。这里的角色,可以是某种职业和社会身份,也可以是文艺作品中的形象,还可以是名人。注意,当你想将现实世界中的名人或文艺作品中的形象等角色赋予 ChatGPT 时,如果使用"你是某某某"这种句式,它可能会澄清自己不是"某某某",此时你可以用"请你扮演某某某"这种指定角色的句式,它会欣然接受。

描述任务这个部分,主要是描述你的问题背景,明确你想让 ChatGPT 做的事情,比如让 ChatGPT 回答一个问题、让 ChatGPT 生成文章大纲等。前面的示例中的描述任务部分就是请 ChatGPT 回答一个问题。

补充要求这个部分,通常是一些具体的指示,告诉 ChatGPT 以什么样的方式来完成任务,类似行为规范。补充要求是可选的,图 3-1 所示的提示中就没有这部分内容。

图 3-3 展示了我用过的一个带角色提示,它完整包含了指定角色、描述任务和补充要求这 3 个部分。

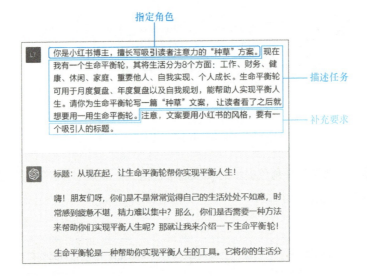

图 3-3　让 ChatGPT 扮演小红书博主的提示拆解及回答

理解了构造带角色提示的方法，后续你就可以运用这种方法撰写更好的提示，从 ChatGPT 那里获取更有效的回答，从而显著提升写作质量。

扫码关注公众号"AI 写作轻松学"并回复关键词"107"，查看更多带角色提示案例。

3.3　根据关键词提供选题

提供选题是 ChatGPT 带给写作者的"超级福利"，能将写作者从灵感枯竭的烦恼中解救出来。

提供选题的参考提示模板：

> 提供[n]个讨论[关键词]的选题

其中，"[n]"应替换为实际的数字，如 5、10 等；"[关键词]"应替换为一个关于文章主题的词语，如绩效管理、终身成长等。

下面是一个示例。

P 提供 10 个讨论番茄工作法的选题。

ChatGPT 收到此提示后，回答如下。

A 1. 番茄工作法是什么？它如何帮助我们提高工作效率？

2. 番茄工作法的优点和缺点是什么？

3. 番茄工作法适用于哪些类型的任务？它是否适用于所有人？

4. 如何正确地实施番茄工作法？有没有一些技巧或建议可以提高效率？

5. 番茄工作法和其他时间管理技术（如 GTD、Pomodoro、Agile）有什么区别和联系？

6. 番茄工作法在团队合作中的应用如何？它是否适用于团队项目？

7. 番茄工作法对于不同类型的工作（如创造性工作、机械性工作等）是否均有效？

8. 如何衡量番茄工作法的效果？有没有一些指标或工具可以用来衡量工作效率？

9. 番茄工作法是否适用于学习？它是否可以帮助我们提高学习效率？

10. 番茄工作法是否适用于个人生活？它是否可以帮助我们更好地管理自己的时间和任务？

下面是另一个示例。

P 提供 10 个讨论 ChatGPT 的选题。

ChatGPT 的回答如下。

A 1. ChatGPT 是什么？它的工作原理是什么？

2. ChatGPT 能够解决哪些问题？它在哪些领域有应用前景？

3. ChatGPT 与其他自然语言处理技术（如 BERT、ELMo、GPT-2 等）有何不同？

4. ChatGPT 的优点和缺点是什么？

5. ChatGPT 如何训练？它的训练数据来源是什么？

6. ChatGPT 的语言模型如何评估？有没有一些指标可以用来评估它的性能？

7. ChatGPT 如何应对语言歧义、语言难度、语言背景等挑战？

8. ChatGPT 在人机交互方面有何应用？例如，它能够帮助我们完成哪些任务？

9. ChatGPT 的发展前景如何？未来它可能面临哪些挑战？

10. ChatGPT 在社交媒体和在线沟通方面的应用前景如何？例如，它能够帮助我们解决哪些问题？

通过上述示例，你可能发现了，我们提供给 ChatGPT 的"关键词"实际上就是文章的主题方向，ChatGPT 为我们生成的选题，就是清晰具体的写作主题，确定了文章的主体内容。

关键词为"ChatGPT"时，与它相关的内容极其宽泛丰富，几乎可以用难以计数来形容。而选题"ChatGPT 的优点和缺点是什么？"则很具体，直接确定了文章要写什么。

具体的选题是从关键词出发，选择切入角度并缩小范围后产生的。所以让 ChatGPT 生成选题的前提是你的脑海里要先有关键词。

那关键词从哪里来呢？

与你写作的内容定位相关。

写作是由写作对象和写作手艺两个部分有机构成的。写作对象即文章内容。拿做菜类比，写作对象就是食材。写作手艺是组织文字表达思想的能力。拿做菜类比，写作手艺等同厨艺。运用写作手艺"加工"写作对象，"加工"的结果是文章。

写作者一般会将写作对象（即文章内容）限定在特定领域内，而非东写西写、随意切换。

比如《小强升职记》的作者邹小强，写作十几年，一直聚焦"时间管理"领域；《从零开始学架构》的作者李运华，始终围绕"软件架构"和"大厂晋升"这两个方向创作内容；而我（安晓辉）现在主要写职业发展与个人成长方面的文章和图书。

邹小强、李运华、我，我们所聚焦的领域，就是我们的内容定位。

一个人在找到适合自己的内容定位后，更容易持续写作，也更容易稳定产出对读者有价值的文章。

我们提供给 ChatGPT 的关键词，就应该来自我们的内容定位。

图 3-4 是我设计的写作内容定位模型，可以帮助你找到内容定位。

图 3-4　写作内容定位模型

在图 3-4 中，能写是指你有足够的积累和实践，能输出有用信息的领域；想写是你有兴趣写、愿意写的领域；有人看指你要写的内容属于有较多读者需要、有市场的领域。

最佳定位是你能写、想写并且有人看的领域。

前面提到的邹小强、李运华和我的内容定位，都属于最佳定位。

通常我们刚开始写作时，较难直接锁定最佳定位，而是从次佳定位开始，慢慢发展到最佳定位。

2015 年，我开始写职业发展方面的文章时，并没有足够的职业发展理论知识和实践，是达不到能写的要求的，但是我想写，也有人看，所以我就从想写和有人看这个次佳定位开始，一边学习职业发展理论知识，一边写以职业发展为主题的文章。

过了两年，到 2017 年的时候，我做了多次咨询，积累了丰富的理论知识和实践经验，能写了，次佳定位才发展到最佳定位。

如果你在寻找写作的内容定位时，无法一下子锁定最佳定位，也可以像我一样，先从次佳定位出发，慢慢发展成最佳定位。

当然，你可能不想把事情搞得这么复杂，就想找一个内容层面先快速写起来，那你可以参考以下 3 类内容层面，它们是人人都可以试着写写的。

（1）工作层面

每一位职场人在自己的工作领域都有很多积累，围绕它们来写文章，相对比较容易。

比如你是做财务工作的，可以结合实际工作中的例子来写资产负债率、应收账款周转率等知识点。比如你是做招聘工作的，可以写常见面试问题的回答思路。比如你是做室内设计工作的，可以写色彩设计、家具搭配等方面的内容。

2013 年，我写的是技术博客，内容聚焦于"Qt 应用开发"，因为这是我工作中经常涉及的东西，所以我写起来得心应手，几乎没有障碍。

从工作层面写起，适合大部分职场人。

有的人可能会说："我是宝妈，没有工作，怎么办？"其实你可以将育儿看作你的工作，有意学习、积累相关知识，就可以写起来。

有的人可能会说："我每天工作都很累，下了班就不想再和工作中的任何东西有瓜葛，怎么办？"

那你可以选择接下来要说的第二类内容层面。

（2）兴趣层面

每个人都有一些兴趣，比如我爱阅读、爱跑步、爱写作，我的女儿爱画画、爱玩 BJD 娃娃（球形关节人偶）。你对某些事情感兴趣时，就会很容易收集与之相关的各种信息，自觉进行各种学习和探索活动，轻松积累大量素材。那再进一步，围绕你的兴趣和你积累的素材写文章，就是比较容易做到的事情。

比如当年明月从小喜欢历史，把《明史》读了十几遍，后来开始写作时，就从明朝写起，写出了《明朝那些事儿》。比如刘子超喜欢旅行，就写了大量与旅行相关的文章，出版了《午夜降临前抵达》等旅行文学作品。

只要你有感兴趣的领域，就可以围绕其进行写作。但要注意的是，你想要写得出彩，就要对兴趣进行深入研究，要从单纯娱乐的泛泛了解层面，上升到围绕它做学问的深入研究层面。

（3）个人成长层面

个人成长是人人都在经历、人人都有经验、人人都可以写的层面。

俞敏洪的《我曾走在崩溃的边缘：俞敏洪亲述新东方创业发展之路》《在绝望中寻找希望：写给迷茫不安的年轻人》这两本书中，就有《从大学老师到上市公司创始人，我的点滴成长》《我是北大二流毕业生》等许多篇讲述个人经历和成长的文章。

黄有璨的《非线性成长：不确定时代下的职业发展和商业通关策略》第1章的主体内容就是黄有璨职业发展的5个阶段及其在每个阶段的感悟与获得的经验。

核聚老师的文章《学到欲罢不能：我的史诗般的高考逆袭路》讲述了自己从高一学习成绩糟糕到最后考入名校拿到奖学金的经历，并分享其关键方法"进步本"。

这些书与文章是在写个人的具体经历及从中总结出的经验与方法。还有一些个人成长类的文章是讲与个人成长相关的方法的。

比如周岭的文章《深度练习：跨越从普通到卓越的那道分水岭》主要是讲学习技能时的一种心态——学习即练习，有一是一，和一个概念——速度是能力的一部分。

比如我的文章《5000字干货：如何工作一年获得三年经验》主要介绍"库伯学习圈"这个体验学习模型。

个人成长是个筐，什么都可以装，个人经历、学习方法、思维模型、情绪管理、目标管理、亲密关系、谈判、演讲等，都可算是个人成长层面的内容，所以你可以选择的方向其实相当多，总有那么一两个，是你可以讲述的。

工作、兴趣、个人成长这3类内容层面，是你确认内容定位时的线索，你可以循着它们，找到适合你的方向。实际上，还有不少寻找内容定位的方法，比如跟随风口、向榜样学习等，它们也能帮你找到很多可以选择的方向，只要你结合自己的具体情况，觉得自己可以写出内容来，就可以尝试。

在明确写作的内容定位时，你可能会遇到这个问题——确定不了想写哪个方向的内容。这时，可以分两个阶段来完成内容定位。

- 第一个阶段，探索。

只要能写，不管是职场、科技、读书，还是电影、育儿、穿搭，都写写看，在写作的过程中，明确自己想写哪个方向的内容。

- 第二个阶段，深耕。

经历过探索阶段，明确了自己想写并且能写的方向后，就沉下心来，积累素材，建立知识体系，提升写作能力，持续产出优质文章，逐步建立个人的写作品牌和影响力。

一旦你确认了写作的内容定位，就可以用各种方法来寻找关键词。比如阅读与内容定位相关的文章、图书，翻看各个内容平台的热门内容，从中找到自己感兴趣的关键词。

找到了关键词，就可以将其提供给 ChatGPT，让它寻找写作角度，提供选题。

3.4 生成文章大纲

大纲是一篇文章的骨架，对文章质量的影响是决定性的。梳理大纲要求你想清楚文章的结构、逻辑和每部分的要点，这是有一定难度的。很多人都害怕梳理大纲，习惯上手就写，边写边改。这样做的坏处是返工多、耗时长。

ChatGPT 具备极强的大纲生成能力，可以为不擅长梳理大纲的写作者带来切实的帮助。

我试验过多种能让 ChatGPT 生成大纲的提示格式。

（1）*描述式大纲提示*

描述式大纲提示模板如下。

> [文章描述]，请为这篇文章生成一份大纲

其中，"[文章描述]"可以指出文章的主题、文章的读者等。

下面是一个示例。

P 我要面向经常熬夜无法早起的人写一篇关于早起的文章,请为这篇文章生成一份大纲。

将这个提示发送给 ChatGPT 后,收到如下结果。

A 大纲如下。

I. 引言

A. 说明文章主题

B. 引入相关统计数据

II. 睡眠的重要性

A. 介绍睡眠的作用

B. 分析缺乏充足睡眠的后果

III. 熬夜的影响

A. 分析熬夜的危害

B. 引入相关研究数据

IV. 早起的好处

A. 介绍早起的好处

B. 引入相关研究数据

V. 如何改变习惯

A. 提供实用建议

B. 分析有效的方法

VI. 如何保证充足的睡眠

A. 提供改善睡眠的技巧

B. 分析有效的方法

VII. 总结

A. 重申早起的重要性

B. 结论和建议

(2)进阶指令式大纲提示

进阶指令式大纲提示是在 2.6 节介绍的进阶指令提示的基础上设计的,模板如下。

> **按照以下指示为文章生成大纲：[具体指示]**

我按这种格式准备了一个例子。

P 按照以下指示为文章生成大纲：文章主题是早起，读者是经常熬夜无法早起的人，大纲只包含两级目录。

ChatGPT 收到上面的提示后，回答如下。

A 明白。以下是关于早起的文章大纲，包含两级目录。

Ⅰ. 引言

A. 介绍早起的重要性

B. 提出读者的常见问题：经常熬夜无法早起的困扰

Ⅱ. 早起的益处

A. 提高生活品质和工作效率

B. 促进身体健康

C. 促进心理健康

Ⅲ. 克服熬夜习惯的实用技巧

A. 设定合理的睡眠目标和作息时间表

B. 调整生活方式和睡眠环境

C. 培养良好的睡前习惯

Ⅳ. 应对困难和挫折的建议

这是文章的大纲，按照您的要求只包含两级目录。请告诉我您是否满意或是否有其他要求。

使用进阶指令式大纲提示，可以补充各式各样的附加要求，能满足你的个性化需求。

（3）结构式大纲提示

通过刚才的例子，你会发现，ChatGPT 生成大纲时，默认格式是论文式的。而我们通常写的文章（尤其是自媒体文章）都没有论文那么正式，也比论文简单，所以论文式的大纲在多数情况下不适合我们。

应对的策略有两种，第一种是修改 ChatGPT 生成的论文式大纲，以获得自己想要的结果；第二种是调整提示，让 ChatGPT 按照我们指定的结构来生成大纲。我称用第二种策略写出的提示为"结构式大纲提示"，其实质是让 ChatGPT 根据通用文章结构为我们生成大纲。

经过反复实验，我为"是什么—为什么—怎么做（2W1H）"和"总论点—分论点—总结"这两种典型的文章结构找到了相应的提示。

"是什么—为什么—怎么做"结构对应的提示模板如下。

> [指定角色]。[描述背景]。请你按下面的结构帮我生成一份大纲。
> 1. 是什么
> 2. 为什么
> 3. 怎么做

举个例子，我要写篇文章介绍多线程，对应的提示就是以下这样的。

P 你是一位程序员和技术博客作者，精通 C++ 语言，熟悉线程、进程等概念。现在，我要面向不具备编程知识的读者写一篇文章，介绍多线程这个概念。请你按下面的结构帮我生成一份大纲。

1. 是什么
2. 为什么
3. 怎么做

将这个提示发给 ChatGPT，它的回答如下。

A 多线程介绍

1. 是什么
- 多线程是一种并发编程方式，它允许程序在同一时间执行多个线程，从而提高程序的性能和效率。
- 线程是程序中的一条执行路径，一个程序可以同时执行多个线程，每个线程可以独立地执行不同的任务。

2. 为什么要使用多线程

- 多线程可以提高程序的响应速度和吞吐量。
- 在需要同时处理多个任务时，使用多线程可以提高程序的效率。
- 使用多线程可以更好地利用多核 CPU，从而提高系统的利用率。

3. 怎么做

- 在 C++ 中，使用 std::thread 类可以创建新线程。
- 可以通过传递函数指针或者 Lambda 表达式来启动线程执行。
- 可以通过 join() 或者 detach() 函数来等待线程执行完成或者将线程分离。
- 在多线程编程中，需要注意线程之间的同步和互斥问题，可以使用互斥锁、条件变量等同步机制来保证线程的安全性。

总之，多线程是一种重要的并发编程方式，能够提高程序的性能和效率。在进行多线程编程时，需要注意线程之间的同步和互斥问题，以确保程序的正确性和安全性。

可以看到，ChatGPT 按指定结构生成了大纲。

"总—分—总"结构对应的提示模板如下。

> [文章及核心观点描述]。请你按照"{总—分—总}"的结构生成这篇文章的大纲。注意，"{总—分—总}"结构的规则是这样的：第一个"总"替换成文章的核心观点，"分"替换成"[n]"个支持文章核心观点的分论点，第二个"总"替换成核心观点的另一种表述方式

其中，"[文章及核心观点描述]"应当替换为你要写的文章的信息，"[n]"应当替换为你想要 ChatGPT 提供的分论点数量。

举个例子，我要写篇文章讲"职场新人不要做副业"，一种提示可能是这样的。

P 我要面向职场新人写一篇文章，文章的核心观点是"职场新人不要做副业"。请你按照"{ 总—分—总 }"的结构生成这篇文章的大纲。注意，"{ 总—分—总 }"结构的规则是这样的：第一个"总"替换成文章的核心观点，"分"替换成 3 个支持文章核心观点的分论点，第二个"总"替换成核心观点的另一种表述方式。

将这个提示发给 ChatGPT，它的回答如下。

A 总论点：职场新人不要做副业。

分论点：

1. 副业会分散精力，影响主业表现；

2. 副业可能会引发利益冲突，损害职业道德；

3. 职场新人应该将时间和精力放在学习和提高自身能力上。

总结：对于职场新人来说，专注于主业并提高自身能力是更明智的选择，不要在副业上浪费精力和时间，以免影响职业发展和职业道德。

可以看到，ChatGPT 理解了"总—分—总"结构，给出了符合预期的大纲。

关于让 ChatGPT 生成"总—分—总"结构的大纲，还有一种简化的提示模板如下。

> [待写文章描述]。请你按照"总—分—总"结构列出文章大纲

下面是我根据模板设计的一个提示。

P 我要写一篇阐述科技发展让人越来越不幸福的文章。请你按照"总—分—总"结构列出文章大纲。

将此提示发送给 ChatGPT，它给出的大纲如下。

A I. 总

引言

1. 引入科技发展对幸福感的影响

2. 提出科技发展让人不幸福的观点

II. 分

A. 社交孤立和人际关系

1. 社交媒体的影响

2. 虚拟交流取代面对面互动

3. 社交媒体上的比较行为让人感到焦虑

B. 注意力分散和信息过载

1. 数字设备对注意力的剥夺

2. 信息过载对情绪和专注力的影响

3. 社交媒体滚动和无尽浏览带来的困扰

C. 心理健康和幸福感

1. 社交媒体上的虚幻理想和自尊问题

2. 隐私和数据安全的担忧

3. 数字依赖和成瘾行为的产生

Ⅲ. 总

A. 科技发展对幸福感的负面影响

1. 科技发展对人际关系和社交互动的破坏

2. 注意力分散和信息过载导致的心理负担

3. 科技发展对心理健康和幸福感的潜在威胁

B. 提出反思和平衡的观点

1. 积极利用科技进行时间管理

2. 培养离线社交和集中注意力的能力

3. 意识到科技的局限性和寻求平衡的重要性

这个大纲按照"总—分—总"的结构，分为引言、正文和结论 3 部分。引言部分引入了科技发展对幸福感的影响，并提出了科技发展让人不幸福的观点。正文部分分为 3 个小节，探讨了社交孤立和人际关系、注意力分散和信息过载，以及心理健康和幸福感方面的问题。每个小节都列出了具体的影响和问题来支持科技发展让人不幸福的论点。结论部分总结了科技发展对幸福感的负面影响，并提出了反思和平衡的观点，强调了积极利用科技、培养离线社交和意识到科技的局限性的重要性。

当我们在提示中不加说明地给出"总—分—总"结构时，ChatGPT 会根据自己的理解，列出它认为符合"总—分—总"结构的大纲。而它列出的大纲，不一定符合我们对"总—分—总"结构的设想。这一点你在使用这种模板时，要留意。

（4）要点式大纲提示

前面我们演示了怎么让 ChatGPT 按照 2W1H 和"总—分—总"的结构列文

章大纲,给出的提示是相对通用的,稍做修改就能应用到很多文章主题上,比如"习得性无助""福格行为模型"等。

有时候,我们对某个主题有基本的了解,知道文章要分成哪些部分,但不知道每个部分具体应当包含哪些内容。这个时候,我们可以在提示中给出由已知部分要点组成的顶层框架,让 ChatGPT 根据这个框架列出更细致的大纲。

举个例子,我要写一篇关于探索职业方向的文章,我已经知道从兴趣、优势、性格这 3 个方面出发都能找到理想的职业方向,但是不知道每个方面的具体方法,那我就可以编写如下提示,让 ChatGPT 帮我细化大纲。

P 我要写一篇关于探索职业方向的文章,请按照下面的结构帮我生成一份大纲。注意,要为编号为 2、3、4 的部分提供具体的方法。

1. 引言
2. 基于兴趣探索职业方向
3. 基于优势探索职业方向
4. 基于性格探索职业方向
5. 总结

把这个提示发送给 ChatGPT,它生成了下面的大纲。

A 1. 引言
- 引入话题:探索职业方向的重要性
- 目的:帮助读者找到适合自己的职业方向

2. 基于兴趣探索职业方向
- 介绍兴趣的作用:兴趣是激发动力的重要因素
- 方法一:自我反思
  ○ 向自己提问:对哪些领域、主题或活动感兴趣
  ○ 探索相关职业:研究与兴趣相关的职业,了解其职责和发展机会
- 方法二:尝试实践
  ○ 参与志愿活动、实习或兼职,积累实践经验
  ○ 观察和评估自己在不同领域的表现

3. 基于优势探索职业方向
- 介绍优势的作用：优势是获得成功和职业发展的关键
- 方法一：评估个人技能和才能
  - 分析个人的专业知识、技能和经验
  - 寻找与之匹配的职业或行业
- 方法二：寻求他人反馈
  - 向亲朋好友、同事或导师请教，了解他们对你的优势的看法
  - 参加评估工作或职业咨询，获取专业反馈和建议

4. 基于性格探索职业方向

介绍性格的影响：与性格匹配度高的工作环境有助于提高工作满意度
- 方法一：了解自己的性格类型
  - 参加心理学测试，如迈尔斯－布里格斯（Myers-Briggs）性格测试
  - 分析测试结果，了解自己的性格特点和所能适应的环境
- 方法二：研究与性格匹配的职业
  - 探索不同职业的工作环境和要求，寻找与自身性格匹配的职业
  - 考虑性格与职业之间的匹配度，以提高工作满意度和成功的可能性

5. 总结
- 强调综合方法的重要性：对兴趣、优势和性格的综合考量
- 鼓励读者多尝试和探索，灵活调整职业方向
- 提示职业发展是一个动态过程，随着个人成长和经验积累而变化

可以看到，ChatGPT 很好地完成了任务。

这种设定顶层结构让 ChatGPT 完善细分要点的列大纲方法，能帮助我们获得更符合自己预期的结果。你在写文章时，也可以试试这种方法。

扫码关注公众号"AI写作轻松学"并回复关键词"108"，查看更多生成文章大纲的案例。

3.5 生成一个段落

如果你遇到过这类情况:

- 想要写一段话介绍一个知识点,却不知道从何说起;
- 有了一个要点,想进一步说明时却无话可说。

可以试试请 ChatGPT 帮你生成一段话。

我试验了两种让 ChatGPT 生成段落的提示模板。

第一种提示模板如下。

> [写|生成] 1 段 [关键词] 的介绍

第二种提示模板如下。

> [写|生成] 1 段关于 [关键词] 的文字

使用这两个模板时,"[写|生成]"中的"写"与"生成"可任意选用;"[关键词]"替换为你想要生成的实际内容的关键词。

下面是应用第一种提示模板的例子。

P 写 1 段积极心理学的介绍。

ChatGPT 收到上述提示后生成的段落如下。

A 积极心理学主要研究人类积极心态和行为,是心理学的一个分支。它的目标是帮助人们了解和发挥自己的优势,提高自我意识、情感智能、情感回应、应对能力、幸福感等个人素养。积极心理学研究的内容包括积极情绪、乐观主义、勇气、品德、创意、情感智能、人格心理学等,其旨在从多个角度深入探究人类的心理特点和积极行为的本质,为个人和组织提供有效的心理健康保持和幸福感提升策略。积极心理学的研究成果已经广泛应用于教育、职场、家庭、社会等多个层面,为人们的生活带来了积极的变化和持久的幸福感。

下面是应用第二种提示模板的例子。

P 生成 1 段关于太阳系的文字。

ChatGPT 根据上述提示生成了下面的段落。

A 太阳系是地球所在的一个行星系统，是由太阳和它的八大行星及一些小行星、彗星、流星等天体组成的。太阳系的中心是太阳，它是太阳系中最大的天体，约占太阳系总质量的99.86%。太阳系中的八大行星依次为：水星、金星、地球、火星、木星、土星、天王星、海王星。它们中有4颗行星是岩石行星，其余4颗行星是气态行星。除了八大行星外，太阳系中还有矮行星，以及数以千计的小行星、彗星和其他天体。这些行星和天体沿着太阳的引力轨道运行，形成了太阳系独特的结构。

如果你对要生成的段落有更细致的要求，也可以采用前面介绍过的进阶指令提示，给出具体指示。模板如下。

> [写|生成] 1 段 [关键词] 的介绍，遵循以下指示：[具体指示]

> [写|生成] 1 段关于 [关键词] 的文字，遵循以下指示：[具体指示]

你可以自行构造两个提示，试试效果。

3.6 重写某个段落

当你对 ChatGPT 生成的某个段落不满意时，可以让它重写。

最简单的重写段落提示是使用指令"换句话说"。"换句话说"是 ChatGPT 的内置指令，收到此指令后，ChatGPT 可以用不同的词语或表述方式重述某个句子或段落。

提示模板如下。

> 换句话说"[段落内容]"

> 换句话说：[段落内容]

我们来看一个例子。

P 换句话说"当我们接到一项写作或发言的任务，而且这项任务不是以问题的形式来陈述的时候，最好的办法是把它重新组织成一个问题。把论题当成一个问题来思考，你就能集中精力，以通俗易懂的形式让读者或听众明白，你是被某一个问题困扰，与其他问题无关"。

将上面的提示发送给 ChatGPT 后，得到的结果如下。

A　　换句话说，当我们面对一项写作或演讲的任务时，如果这项任务不是以问题的形式表达的，最好的方法是将其转化为一个问题。通过将主题转化为问题来思考，你可以集中精力，以通俗易懂的方式让读者或听众明白，你正在被某个问题困扰，而不是其他问题。这样可以使你的写作或演讲内容更加清晰明了。

如果你想精细控制 ChatGPT 重写给定段落，可以使用下面的提示模板。

> 重写以下段落,[更详细的指示]：[待重写的段落]

重写时，你可以根据自己想要的结果，给出更详细的指示，比如更有趣、更有说服力、更严肃、加入例子等。

我应用这个模板构造了一个例子，提示如下。

P　　重写以下段落，增强它的说服力。

在职场中，人们需要花费大量精力来学习新技能和新知识，以保持竞争力。如果你在副业上消耗了大量精力，那么你可能会感到精疲力尽，无法在主业中高效率地工作。

将上面的提示提交给 ChatGPT，得到的结果如下。

A　　在竞争激烈的职场中，保持竞争力是至关重要的，因此人们不得不不断地学习新技能和新知识。如果你把大量精力投入副业中，那么你将面临精疲力尽、效率下降等问题，这可能会对你的主业产生不利的影响。因此，如果你想要在职场中保持竞争力，那么你需要合理地平衡你的副业和主业，并确保你的精力和时间被充分利用和管理。

来看一个新的例子，这次变换了一下要求。

P　　重写以下段落，加一个例子。

在职场中，人们需要花费大量精力来学习新技能和新知识，以保持竞争力。如果你在副业上消耗了大量精力，那么你可能会感到精疲力尽，无法在主业中高效率地工作。

将上述提示提交给 ChatGPT，得到的结果如下。

A 在职场中，不断学习新技能和新知识是提升竞争力的必要途径。然而，如果你把过多的时间和精力花费在副业上，就会导致主业上的工作效率降低。例如，如果你是一名工程师，你的主业是设计和开发新产品，而你的副业是经营一家小型电商平台。如果你把大量时间投入电商平台的经营中，那么你在主业中的工作效率就会下降，导致你无法按时交付项目或者交付的项目质量不佳，进而影响你的主业发展。因此，在处理副业和主业时，需要根据自己的实际情况和职业目标做出合理的选择和安排。

3.7 展开某个段落

如果你提交了提示给 ChatGPT，它返回的结果中，某些内容过于简略，你可以将这部分内容粘贴到聊天框中，提示它展开。

提示模板如下。

> [待扩展的内容]
> 请将此信息扩展为几个段落

其中，"将此信息扩展为几个段落"，也可以用"将上述内容扩展为几个段落"来代替。

来看一个例子。

P 其次，职场新人做副业会影响主业。做副业可能会占用本应用于主业的时间，这会影响主业的工作质量和进度。举个例子，如果你在周末做副业，这可能会占用你的休息时间，使你在下周工作时感到疲倦和精力不足，从而影响你在主业中的表现。此外，做副业消耗精力过多，会让你缺乏专注力和创造力，这也会影响你在主业中的表现。

请将此信息扩展为几个段落。

将上面的提示发送给 ChatGPT，收到如下回答。

A 在职场中，有许多人选择开展副业以增加收入和充实生活。但是，对于职场新人来说，过多地投入副业可能会对其主业产生负面影响。

首先，做副业可能会占用本应用于主业的时间。职场新人通常需要花费更多的时间来学习和适应工作环境，因此他们需要更多的时间和精力来完成主业的任务。如果他们把大量的时间和精力花在副业上，就会影响主业的工作质量和进度。比如，在周末做副业，可能会让职场新人缺乏充分的休息，导致他们在下周工作时感到疲倦和精力不足，从而影响其在主业中的表现。

其次，过多地投入副业也会导致精力消耗过度，从而影响职场新人的专注力和创造力。在职场中，专注力和创造力是非常重要的素质，它们直接影响着职场新人的工作效率和表现。如果职场新人在副业上投入过多的精力，他们可能会感到疲惫，从而无法在主业中高效率地工作。这将直接影响他们在职场中的表现和发展。

因此，对于职场新人来说，做副业是一种有风险的行为，需要仔细考虑。在处理副业和主业的关系时，需要根据自身情况和职业目标做出合理的安排和选择。比如，可以选择一些与主业相关的副业，这样既可以丰富自己的职业技能，也不会影响主业的工作质量和进度。同时，也需要注意合理分配时间和精力，避免过度投入副业中，影响自己在主业中的表现和发展。

在扩展段落时，你还可以加一些更具体的指示，这样 ChatGPT 能生成更符合要求的结果。

下面的例子，要求 ChatGPT 在扩展段落时添加例子。

P 确实有些副业是骗人的，但是只要具备基本的判断力，就能够避免落入陷阱。比如，避免相信夸大其词的广告和推销词，注意是否需要付费才能加入团队或者推销产品。另外，可以通过参考其他人的经验来避免被骗，比如查看相应平台上的用户评价等。

将上述内容扩展为几个段落,并加入具体的例子。

ChatGPT 收到这个提示后,给出了下面的回答。

A　当谈到副业时,很多人担心可能会被骗。确实有些不道德的人会通过制造骗局来让人上当受骗。但是,只要具备基本的判断力和谨慎态度,我们就可以避免落入这些陷阱。

首先,我们应该避免相信夸大其词的广告和推销词。很多骗子会在广告中大肆吹嘘某项副业的收益,声称可以轻松地赚到大量的钱,这往往是不真实的。如果某项副业听起来收益很可观以至于难以置信,在这种情况下,我们应该保持警惕,仔细考虑它的可信度,不要轻易相信。

其次,我们应该留意是否需要付费才能加入团队或者推销产品。一些骗子会以各种形式向你收取费用,让你认为这是你获得成功的关键。这些费用可能是注册费、培训费、材料费等。一些骗子甚至会教唆你向别人推销产品,以此赚取佣金。如果我们在副业中不断花费金钱,而且看不到任何明显的收益,那么这很可能是一种骗局。

最后,我们可以通过参考其他人的经验来避免被骗。我们可以查看相应平台上的用户评价,以了解他们的经历和建议。此外,我们也可以通过社交媒体、论坛等途径与其他人交流,了解他们的看法和建议。如果能够了解其他人的经历和建议,那么我们就能够更好地判断一项副业的可信度。

总的来说,虽然存在一些副业骗局,但只要我们保持谨慎和警惕,便能够避免落入陷阱。我们应该始终牢记,不要贪图暴利,而要通过正当手段获得成功。

在扩展段落时,你提出的要求越具体,越容易得到符合预期的结果。所以当你对某个段落不满时,不妨先想想你心中理想的段落是什么样子,然后提取几个特征,将其作为要求加进提示中。

3.8 缩写

有写作经验的朋友会对这一点深有感触：将文章写长很容易，写短很难。这是因为文章越短就越要求你能深入理解知识、精准遣词造句、准确提炼概括内容。而这些能力，需要长时间的刻意练习才能具备。我们往往没那么多时间或者没有耐心，不具备这些能力的结果就是，写作时，在篇幅受限的情况下会感到为难。

ChatGPT 有很强的概括能力，可以帮我们压缩文章篇幅。

下面这几段话，详细描述了做副业可能被骗的情况。

在副业市场上，存在一些以诈骗为目的的副业，它们通常通过夸大承诺或者利用人们的贪念来骗取钱财。这些副业看起来非常真实和有吸引力，但是它们的可行性是非常低的。有些副业声称可以在短时间内赚取大量的金钱，比如"快速致富"计划、非法传销等，这些都是典型的骗局。

然而，只要我们保持警惕，就能够避免落入陷阱。首先，我们需要认真研究每个副业的详细信息，查看相关的网站和论坛，阅读其他人的评论和建议。其次，我们需要非常小心那些需要缴纳高额费用才能参与的副业，在这种情况下，我们需要认真评估自己的经济实力，避免被迫进行高风险的投资。

举个例子，一些副业可能会向你收取高昂的加盟费用，让你加入其团队。这些团队通常会告诉你，只要你遵循他们的指示，你就可以轻松地赚取大量的钱。然而，这些团队通常不会提供足够的支持和指导，也不会告诉你真实的成功率和收益水平。

另外，我们需要小心那些所谓能"快速赚钱"的副业。这些副业通常会要求你通过招募其他人来赚取佣金。这种模式通常被称为传销或者金字塔式营销。这种副业通常非常危险，因为它们不符合商业伦理。

综上所述，虽然存在骗人的副业，但是只要我们保持警惕并且认真评估每种副业的真实性和可行性，就可以避免被骗。

我们可以利用 ChatGPT 把它变成一个段落或两个段落。

参考提示模板如下。

> 用 [n] 个段落概述以下信息：[待概述内容]

> 用 [n] 个句子概述以下信息：[待概述内容]

其中，"[n]"应替换为实际的数字，"[待概述内容]"是你想缩写的内容。

我拿刚才描述做副业可能被骗的文章做两个测试。第一个测试所用的提示如下。

P 用 1 个段落概述以下信息：

[描述做副业可能被骗的文章内容]

将这个提示发送给 ChatGPT 后，我收到了下面的回答。

A 在副业市场上，一些以骗取钱财为目的的副业会夸大承诺或者利用人们的贪婪心理。这些副业声称可以在短时间内赚取大量的金钱，但是其真实性和可行性是非常低的。因此，我们需要非常小心那些需要缴纳高额费用才能参与的副业，需要认真评估自己的经济实力，避免被迫进行高风险的投资。例如，一些需要高昂加盟费用的副业通常并不会为你提供足够的支持和指导，也不会告诉你真实的成功率和收益水平。此外，传销或者金字塔式营销通常非常危险，因为它们不符合商业伦理。因此，我们需要保持警惕并且认真评估每种副业的真实性和可行性，避免被骗。

可以看到，ChatGPT 成功用一个段落表达了同样的要点。

第二个测试，我让 ChatGPT 把同样的内容缩写成 2 段，提示如下。

P 用 2 个段落概述以下信息：

[描述做副业可能被骗的文章内容]

ChatGPT 针对这个提示，返回的内容如下。

A 在副业市场中，存在着以诈骗为目的的副业，它们通过夸大承诺和利用人们的贪婪来骗取钱财。这些副业通常声称可以快速致富，要求缴纳高额加盟费用，或者要求通过招募其他人来赚取佣金，这些都是典型的陷阱。然而，只要我们保持警惕，认真研究每种副业的详细信息，查看相关网站和论坛，并非常小心那些需要缴纳高额费用才能参与的副业，我们就可以避免被骗。

另外，我们需要小心那些所谓可以"快速赚钱"的副业，因为这些副业通常不符合商业伦理。综上所述，只有认真评估每种副业的真实性和可行性，我们才能够避免被骗。

可以看到，ChatGPT 按要求生成了两个段落。

现在我们来看一下怎样用几个句子来概述给定的内容。

待概述的内容和刚才一样，我让 ChatGPT 用两个句子来概述，提示如下。

P
用 2 个句子概述以下信息：

[描述做副业可能被骗的文章内容]

ChatGPT 给出的结果如下。

A
一些以诈骗为目的的副业存在于市场中，它们利用人们的贪念和通过夸大承诺来骗钱。然而，只要我们保持警惕并认真评估每种副业的真实性和可行性，就可以避免被骗。

由此可见，ChatGPT 给出的内容满足要求。

3.9 编写案例

我在最开始写致用类文章时，很喜欢列要点，觉得这样的文章都是"干货"，知识密度高。后来发现，全是"干货"的文章，别人往往很难理解，吸收率很低，难以达到助人的目的。所以后来在写作中，我就有意改变，尝试加一些案例，让文章在骨架之外也有血肉，易于阅读、理解和吸收。

这么做的难点在于：不一定能构造出匹配要点的例子。

之前我的解决办法是挖空心思回顾自己和身边人的经历，或者利用搜索引擎检索。现在，我们可以要求 ChatGPT 为某个话题或观点提供例子，它能快速给出结果。

请 ChatGPT 提供例子的提示模板如下。

> 请提供 [n] 个很好的例子说明[关键词]的[好处|坏处|错误]

> 提供 [n] 个 [情景描述] 的例子

其中,"[n]"应替换为实际的数字。"[关键词]"应替换为你想描述的观点、产品等,如副业、智能手表、固执己见等;"[好处|坏处|错误]"中用"|"分隔的几个词语,可以任选,同时,你也可以结合自己的目的换用其他词语;"[情景描述]"应替换为对某个实际情景的描述,如"做副业影响主业""选择大于努力"等。

来看一个提示。

P 请提供 3 个很好的例子说明做副业的好处。

这个提示让 ChatGPT 提供能说明做副业的好处的例子,ChatGPT 收到提示后,给出了下面的回答。

A 以下是 3 个能说明做副业的好处的例子。

1. 做副业可以获得额外收入:做副业可以增加你的收入来源,尤其是当你的主业无法满足你的经济需求时。例如,你可以在业余时间做兼职,如开设网店销售手工制品或提供技能服务等,从而获得额外收入。

2. 做副业可以提升技能、积累经验:做副业可以让你在某个领域拥有更多的经验,为你未来的职业发展提供更多机会。例如,你可以在业余时间学习编程并开发自己的应用程序,这可以提高你的技能水平,并为你未来的就业提供更多机会。

3. 做副业可以扩大社交圈:做副业可以让你结识更多的人,并扩大你的社交圈。例如,你可以在业余时间做志愿者工作,加入社区团体或者参加兴趣小组,这些活动可以让你认识更多志同道合的人,建立更多社交关系。

我看了一下,虽然 ChatGPT 给出的是虚例,但这个回答基本满足要求。

现在我们转变一下方向,让 ChatGPT 给出负面的例子,提示如下。

P | 提供几种回报很低的副业

ChatGPT 给出了下面的回答。

A | 以下是一些回报相对较低的副业。

1. 调查问卷填写：虽然这种副业非常简单易行，但是回报通常很低。填写一份问卷的报酬通常只有几分钱到几元钱不等，你需要填写大量的问卷才能赚取一定的金额。

2. 搜索引擎评估：这种副业需要你评估搜索引擎搜索结果的质量和相关性。这种副业做起来相对简单，回报也相对较低。

3. 在线兼职销售：这种副业通常需要你在社交媒体或其他在线平台上销售产品或服务。虽然它做起来非常灵活，但是回报通常相对较低，因为你需要分配一定的时间和精力来推销产品或服务，并且大多数公司只会支付相对较低的佣金。

请注意，这些副业的回报可能因地区、行业和工作质量等因素而有所不同。此外，这些副业可能只适合用来获取额外收入，而不能作为主要的收入来源。

这次 ChatGPT 给出的几个例子，完美贴合要求。

有时候，你可能会觉得 ChatGPT 给出的例子比较笼统，不够具体。此时，你可以调整提示，加入更详细的要求。参考 2.6 节给出的进阶指令提示的结构，我们可以试着套用下面的提示模板，指导 ChatGPT 给出更具体的例子。

> 请提供 [n] 个很好的例子说明 [关键词] 的 [好处|坏处|错误]，遵循以下指示：[具体指示]
>
> 提供 [n] 个 [情景描述] 的例子，遵循以下指示：[具体指示]

其中，具体指示需要从你的实际需求出发，比如你可以要求例子中的人物有名字、具体的工作岗位，事件有时间，产品有名字，等等。你的指示越详细，结果就越可能如你所愿。

3.10　收集数据

数据可以帮助论证文章观点，但你通常记不住很多详细的数据。此时，可以让 ChatGPT 帮你寻找。

参考提示模板如下。

> 按照以下指示提供[数据描述]：数据要真实，同时提供真实出处

其中，"[数据描述]"应替换为对你想要的数据的描述，如"2020年中国大学毕业生数量"。

下面是一个例子。

P | 按照以下指示提供美国自由职业者占全体劳动者的比例数据：数据要真实，同时提供真实出处。

将上面的提示发送给 ChatGPT，它给出了图 3-5 所示的结果。

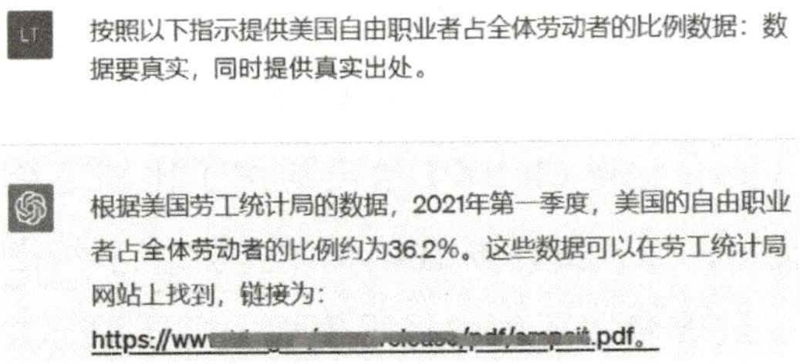

> LT　按照以下指示提供美国自由职业者占全体劳动者的比例数据：数据要真实，同时提供真实出处。
>
> 　　根据美国劳工统计局的数据，2021年第一季度，美国的自由职业者占全体劳动者的比例约为36.2%。这些数据可以在劳工统计局网站上找到，链接为：
> https://ww━━━━━━━━━━━/pdf/empsit.pdf。

图 3-5　美国自由职业者数据

要注意的是，ChatGPT 有时会给出看似真实的数据和虚假的来源链接。所以为了保证数据真实，你要点开链接确认一下。

3.11　收集名人名言

在文章中引用名人名言，可以增强文章的吸引力。

收集名人名言最简单的方式是使用"引用"指令,"引用"指令可用来引用特定的资料等。将"引用"指令用于收集名人名言的提示模板如下。

引用[名人名字]的名言

下面是我测试时发送给 ChatGPT 的提示。

P | 引用孔子的名言。

ChatGPT 给出的结果如图 3-6 所示。

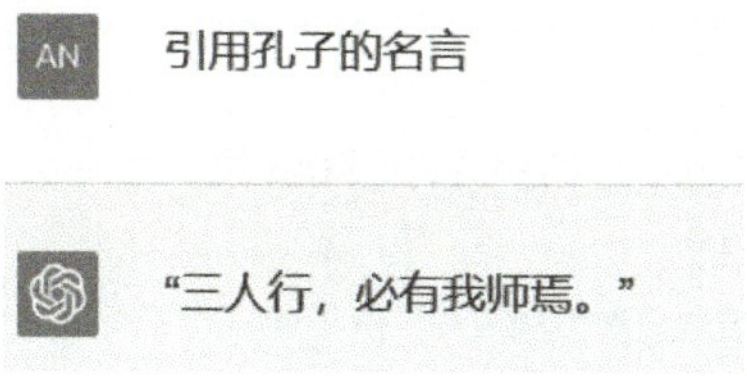

> AN　引用孔子的名言
>
> 　　"三人行,必有我师焉。"

图 3-6　ChatGPT 给出的孔子的名言

据我测试,采用"引用"指令获取的名人名言,真实性很高。

当你确定要引用某位名人的话时,可以使用这种方式。结合 ChatGPT 的"重新生成"操作,你可以获得指定名人的多句名言,然后从中选择适合你的文章主题的名言。

如果你不记得与你的文章主题相关的名人名言,可以指定主题,让 ChatGPT 帮你收集,提示模板如下。

提供 [n] 句谈论[主题]的名人名言

其中,"[n]"应替换为实际的数字;"[主题]"应填入你需要的主题,如兴趣、成功、奋斗等。

我套用上面的模板,构造了一个提示。

P | 提供 5 句谈论兴趣的名人名言。

ChatGPT 针对此提示的回答如图 3-7 所示。

> 提供5句谈论兴趣的名人名言。

以下是5句谈论兴趣的名人名言：

1. "人生中最重要的事情之一就是找到你的激情，找到你的兴趣。"——罗伯特·图(Robert Tew)
   (One of the most important things in life is finding your passion, finding what you love. —Robert Tew)
2. "兴趣使得普通人可以成为杰出的人物。"——安迪·沃霍尔(Andy Warhol)
   (Interests make ordinary people become extraordinary. —Andy Warhol)
3. "对于兴趣所驱动的人来说，没有疲劳。"——大卫·科尔曼(David Coleman)
   (For those driven by interest, there is no fatigue. —David Coleman)
4. "一个人的兴趣决定了他的未来。"——奥斯卡·王尔德(Oscar Wilde)
   (A person's interests determine his future. —Oscar Wilde)
5. "当你找到你的兴趣，你就会找到你的幸福。"——芭芭拉·谢尔(Barbara Sher)
   (When you find your interest, you find your happiness. —Barbara Sher)

图 3-7　ChatGPT 给出的关于兴趣的 5 句名言

可以看到，ChatGPT 给出了名言，并且提供了具体的人名。注意，考虑到 ChatGPT 是生成式 AI，可能会针对自己不知道的话题杜撰信息，你可能需要进一步验证它提供的名言的真实性。

3.12　写故事

因为人们天生喜欢听故事，特别容易被故事中的情节、情感、哲理等感染，所以各个领域都有很多文章通过故事来影响读者。讲故事正在成为写作者的必备能力。

但实际上，不是所有人都能讲好故事。比如我就长于逻辑表达，拙于讲述故事。以前我一直为这点头疼，现在好了，有了 ChatGPT，我再也不因此头疼了——因为 ChatGPT 特别擅长讲故事。

我试验了 4 种提示模板，它们都可以让 ChatGPT 为我们写故事。

第一种提示模板如下。

> [写|生成]一个[故事相关信息描述]故事

其中，"[故事相关信息描述]"应当替换为故事类型、风格、特点等信息。下面是我根据模板构造的一个提示。

P 写一个情节反转的侦探故事。

ChatGPT 根据提示，写出了下面的故事。

A 故事名：幕后之谜

侦探布莱恩·亨利接到了调查一桩离奇的谋杀案的任务。受害者是一位知名的亿万富翁，他的死因令人费解。案件发生在一栋豪华别墅中，没有任何目击者。

布莱恩展开调查，深入探寻被害人生前的生活痕迹和人际关系。他发现被害人是一个声名狼藉的商业巨头，拥有众多敌人。

在与被害人的家人和员工的交谈中，布莱恩逐渐揭开了一个令人震惊的事实：被害人并非无辜的受害者，而是一个心狠手辣、城府很深的人。

他发现被害人曾与自己的家人和合作伙伴勾结，通过欺骗和迫害他人来牟取利益。被害人的死亡看似是一场报复行动，但背后隐藏着复杂的真相。

布莱恩的调查逐渐指向了被害人的女儿，她是家族企业的继承人。起初，布莱恩怀疑她是案件的主谋，但随着调查的深入，他发现了一系列隐藏的线索。

这些线索揭示了一个更大的阴谋，涉及被害人的合作伙伴、竞争对手和一些有权势者背后的黑暗组织。被害人的女儿实际上是替罪羊。

布莱恩意识到自己深陷危险的游戏中,他必须抓住真正的凶手,同时保护被害人的女儿免受危险的威胁。

在紧张的高潮中,布莱恩揭开了真相。他发现了一位幕后指使者,一个隐藏在表象背后的神秘人物。

最终,布莱恩成功将凶手绳之以法,并揭露了整个阴谋的真相。被害人的女儿获得了自由,而布莱恩则成了揭示真相的英雄。

这个故事揭露了隐藏在表象背后的真相,以及人们的真实面目。它提醒我们不要被表象蒙蔽,而是要保持警惕并积极探寻真相。

布莱恩是一个坚定的捍卫正义的侦探,他的经历让他更加坚定自己的信念。他继续执着地追求真相,揭示了更多被掩盖的阴谋和不义之事。

这个故事还告诉我们,在追求真相和正义的道路上,我们可能会遭遇许多障碍和危险。然而,只有坚定的信念和无畏的勇气才能让我们战胜一切困难,为世界带来公正与和平。

布莱恩的故事激励着人们不畏艰险,不惧挑战,为了正义而奋斗。他成了真相和正义的象征,将永远被人们铭记在心。

这个故事的结局将让读者产生强烈的共鸣。它教会我们要保持警觉,审视表象之下的真相,并为寻求正义而奋斗,无论付出多大的代价。

ChatGPT 习惯在写完故事后来几段"评价"(斜体显示的 5 个段落),这部分内容对我们来讲是多余的,你在实际运用中,可以留心检查,删除它们。

第二种提示模板如下。

> [写|生成]一个[故事相关信息描述]故事,遵循以下指示:[具体指示]

其中,"[故事相关信息描述]"指故事类型、风格、特点等信息,可以省略;"[具体指示]"是对故事的附加要求,你可以把能够指导故事写作的各种信息都放在这里。

根据这个模板构造的示例如下。

P 生成一个都市爱情故事,遵循以下指示:有独创性,主角是职场人,情节跌宕起伏,能使读者共情,结局令人难忘。

ChatGPT 根据提示，生成了下面的故事。

A 故事名：命运的交错线

简介：李婷是一位年轻有为的职场女性，她在一家大型跨国公司担任高级市场营销经理。她聪明、勤奋，并且备受同事们的赞赏。然而，从某一天起，她的生活开始发生巨大的变化。

李婷的生活一直按部就班，直到一天她意外地遇见了一个神秘的男人：陈旭。陈旭是一名富有魅力的投资顾问，他与李婷在一个商业会议上相识。两人眼神交汇的瞬间，一种特殊的吸引力开始在他们之间蔓延。

他们开始频繁地接触，从工作上的合作到私下的聚会。李婷发现自己逐渐被陈旭吸引，但她也知道他们来自完全不同的世界。李婷努力平衡工作与感情，但情感纠葛开始占据她的内心。

就在这个时候，李婷得知她的公司即将被兼并，这意味着她的工作岌岌可危。她感到沮丧和无助，不知道未来会怎样。

然而，正是在这个困境中，陈旭伸出了援手。他向李婷提供了一个机会，让她加入他的投资团队，并为她创造了一条新的职业出路。

李婷感激不已，她接受了陈旭的帮助，并展开了新的职业发展。在陈旭的指导下，她展示了出色的工作能力和创造力，逐渐在投资领域崭露头角。

随着事业的飞速发展，李婷与陈旭之间的感情也不断升温。两人共同成长，在职场与情感中互相支持。经历了挑战和考验，他们的爱情变得更加坚定。

然而，正当一切看似顺利时，李婷突然发现陈旭隐藏了一个巨大的秘密。这个秘密让她震惊不已，甚至让她开始怀疑他们之间的感情是否真实。

李婷决定展开调查，以了解陈旭的过去。她深入挖掘陈旭的背景，发现了一系列令人震惊的真相。

原来，陈旭的身份并不是他自己所宣称的投资顾问。他是一个时常变换身份的骗子，一直以来都在利用他的魅力和假的身份欺骗人们。

李婷感到背叛和愤怒，她意识到自己陷入了一场危险的骗局。但她没有被击倒，她决心揭露陈旭的真实面目。

李婷联系了一位聪明的警察朋友，向他透露了陈旭的真实身份和犯罪行为。

警察立即展开调查,并成功将陈旭逮捕归案。

在这个过程中,李婷重新找回了自己的力量和自信。她不再沉浸于对陈旭的失望和痛苦,而是将这段经历视为一个成长的机会。

最终,陈旭被判有罪并被送进监狱。李婷重新投入工作,继续追求事业的成功。

李婷从这段经历中汲取了深刻的教训,她学会了审视自己的选择和信任,并能够更好地面对自己的职业生涯和未来的情感关系。

可以看到,ChatGPT按照提示的要求,将李婷设定为职场人,并且设计了一个有反转的结局,这样的设计令人难忘。

第三种提示模板如下。

[具体指示]

阅读以上指示,生成一个故事

其中,"[具体指示]"可以描述人物特点、故事梗概、写作特点等各种信息。下面是一个示例。

P 故事的主角是一个辍学的高中生,他进了一家工厂,在流水线上工作,后来学了编程,进入互联网领域的大企业,实现了人生跃迁。补充编程语言、工作内容、工作成绩等具体细节,让故事读起来有真实感。增加一些突破障碍的情节,让故事跌宕起伏,更激励人心。

阅读以上指示,生成一个故事。

ChatGPT根据以上提示生成的故事如下。

A 李明是一个辍学的高中生,由于家庭经济困难,他被迫去一家工厂打工。在那里,他需要每天从早到晚地站在流水线上,重复着枯燥的工作。他觉得自己的未来一片黑暗,毫无希望。

但是,李明并没有放弃。他每天下班后会在家里用计算机自学编程。他热爱学习,对计算机科学非常感兴趣。尽管起初他并不知道自己的学习成果能为自己带来什么,但他坚信学习是人生中最重要的事情之一。

几个月后，李明掌握了多种编程语言，如 Java 和 Python，并开始着手开发自己的软件。他还积极加入在线编程社区，和其他程序员交流技巧和经验。

突然有一天，一家互联网领域的大企业联系到李明，邀请他加入他们的团队。这家企业正在开发一款新的社交媒体应用程序，他们需要一名有才华的程序员来帮助完成这个项目。李明非常激动，他终于有机会从枯燥的流水线工作中脱颖而出了。

进入这家企业工作后，李明发现自己已经掌握了他们需要的技术。他很快成了团队中的核心人物，他们的项目也很快得到了客户的认可。李明不仅为公司创造了巨大的价值，也展示了自己的才华和潜力。

你可以采用上述 3 种提示模板中的任意一种，让 ChatGPT 帮你生成故事。你还可以在这些模板的基础上做调整，形成自己的故事写作提示模板。

除了上述 3 种提示模板，还有一种非常简洁但又非常有效的提示模板——让 ChatGPT 套用经典故事结构创作故事。

约瑟夫·坎贝尔在《千面英雄》一书中总结了经典的英雄之旅结构，这个结构后来成了好莱坞电影的经典故事结构。ChatGPT 能够识别英雄之旅结构，根据它来创作故事。

下面是一个套用英雄之旅结构的最简单的故事创作提示。

P | 按照英雄之旅结构生成一个超级英雄故事。

ChatGPT 收到这个提示后，生成了下面的故事（ChatGPT 标注了英雄之旅的各个阶段及细分环节）。

A | 故事名：命运之力

1. 平凡的生活。主人公杰克是一名普通的大学生，过着平凡的生活。他梦想成为一名科学家，以促进科技的创新和进步。

2. 呼唤的来临。一天，杰克意外遭遇了一次实验室事故，他的身体被注入了一种神秘能量。他发现自己拥有了超能力，可以控制元素力量。

3. 寻找导师。杰克迫切需要人指导自己掌握超能力。他找到了一位强大而充满智慧的导师：曾经是超级英雄的退役战士。导师帮助杰克理解和控制他的力量,并传授他超级英雄的道德和使命。

4. 训练和成长。在导师的指导下,杰克经历了艰苦的训练和磨砺。他学会了运用自己的超能力,提升了自己的技巧和战斗能力。同时,他也学到了责任和牺牲的重要性。

5. 对抗邪恶势力。杰克发现城市受到一股邪恶势力的威胁。一位残暴的超级反派自称"黑暗霸主",企图统治世界。杰克决心站出来,与黑暗霸主及其手下展开斗争。

6. 深入阴谋。杰克深入调查,揭开了黑暗霸主背后的阴谋。他发现黑暗霸主打算利用一种古老的邪恶神器来获得无限的力量,从而摧毁世界的平衡。杰克必须阻止他的计划,拯救世界。

7. 最终对决与救赎。杰克与黑暗霸主展开了决战。在激烈的战斗中,杰克不断运用自己的超能力与黑暗霸主对抗。他面临着巨大的挑战和考验,但他从未想过放弃,决心为了保护世界而战。

8. 英雄的胜利。经过顽强的战斗,杰克最终击败了黑暗霸主,摧毁了邪恶神器。他拯救了世界,并成了人们心中的英雄。杰克的勇气将永远被铭记,他成了超级英雄的象征。

9. 新的使命。杰克意识到他的超能力是为了保护无辜和维护正义而存在的。他决定继续担当超级英雄的角色,与其他英雄一起组成正义联盟,共同守护世界的和平与安全。

10. 英雄的传承。杰克的故事成了人们口口相传的传说。他的勇敢和正义精神激励着无数人成为自己心中的英雄。新一代超级英雄在他的启发下崛起,与其他英雄一起为世界带来希望与和平。

上面的故事只是一个梗概,缺乏必要的细节。不过我们可以通过优化提示,让ChatGPT补充更多细节,完善它生成的故事。

为了达到这个目的,我参考2.6节的进阶指令提示,设计了能补充更多写作要求的提示模板,具体如下。

> 按照英雄之旅结构生成一个故事,遵循以下指示:[具体指示]

其中"[具体指示]"可以替换为各种各样的写作要求,比如人物角色和年代设定等。

我根据这个模板编写了一个简单的提示。

P 按照英雄之旅结构生成一个故事,遵循以下指示:直接讲故事,不要标注结构;故事发生在中国的唐朝;主角是一个落第秀才,名叫李白。

ChatGPT 根据上面的提示,生成了简短但结构完整的故事。

A 在唐朝的一个小县城里,有一位名叫李白的年轻人,他是一个落第秀才。尽管他读书刻苦,但他的考试成绩总是让人失望。李白对自己的未来感到迷茫和沮丧,不知道应该怎样才能实现自己的理想。

一天,李白听说皇帝要举办一场诗歌比赛,以选出最杰出的诗人担任国家的文化使者。这个消息激起了他内心的渴望。他决定参加比赛,展示自己的才华,成为一个受人敬仰的诗人。

李白开始努力提高自己的诗才。他经常夜以继日地写诗,用心感受自然和人生的美妙。他游历许多地方,体验各种生活,以丰富自己的创作灵感。

比赛的日子终于来临,李白紧张而兴奋。他将自己的心血倾注于一首名为《静夜思》的诗中。在比赛的舞台上,他以自信而铿锵的声音朗诵这首诗。

朗诵结束后,整个大厅陷入了短暂的寂静。然后,掌声如雷鸣般响起,观众们被李白那激情四溢、意境深远的诗歌所折服,甚至连皇帝也赞赏李白的才华。

李白赢得了比赛,成了国家的文化使者。他的名字从此在大街小巷传播开来,他也成了一代伟大的诗人。

然而,李白并没有因此而骄傲自满。他知道自己的成功来自不懈的努力和对诗歌的真挚热爱。他决定用自己的诗歌为人们带来欢乐和启迪,用文字传递正能量。

李白的诗歌成了国家的文化瑰宝,他的名字被刻在历史的长河中。他凭借自己的才华和努力,改变了自己的命运,同时也为整个国家创造了文化价值。

你可以参考我提供的提示模板,把自己心中的故事和人物转化为具体指示,编写出自己的提示,发送给 ChatGPT,让它为你创作一个故事。

3.13 提供同义词

有时候你会在一篇文章中反复使用同一个词语，给读者重复感、匮乏感，解决的办法是试着运用同义词。如果你不知道某个词语有哪些同义词，可以问 ChatGPT。

提示模板如下。

> 针对词语"[具体的词语]"，提供 [n] 个同义词,[辨析|解释]每个同义词的含义，给出例句

来看一个例子。

P 针对词语"准确"，提供 3 个同义词，辨析每个同义词的含义，给出例句。

ChatGPT 给出的结果如下。

A 以下是"准确"的 3 个同义词，以及它们的含义和例句。

1. 精确：指符合实际的程度极高，没有任何误差或偏差。

例句：这个测量仪器非常精确，测量误差不超过 0.1 毫米。

2. 确切：指明确无疑，毫不含糊。

例句：我们需要确切的证据来支持这个观点。

3. 正确：指符合规定、标准或事实的程度高。

例句：在学习科学知识时，必须保证答案是正确的，否则会影响学习效果。

如果你只想要几个同义词，也可以使用更简单的提示，具体如下。

P "[词语]"的同义词有哪些？

示例如下。

P "学习"的同义词有哪些？

结果如下。

A "学习"的同义词有很多，以下是其中的一些。

1. 领悟：指理解和领会事物的本质和内涵。

2. 汲取：指从外界获取新的知识和信息，以增加自己的知识储备。

3. 钻研：指深入研究和探讨某个问题，以求得更深层次的理解和认识。

4. 拓展：指通过学习来开阔自己的视野和思维，扩展自己的知识面。

5. 受业：指跟随老师学习。

6. 研习：指深入学习和研究某个领域的知识。

7. 探究：指通过探索和实践来发现新的知识和问题，以求得更深刻的理解和认识。

8. 效法：指照着别人的做法去学、去做。

3.14 生成标题

起标题也是令写作者头疼的事情，但 ChatGPT 可以帮你搞定。

最简单的做法是给出文章内容，让 ChatGPT 直接帮你生成几个标题，提示模板如下。

> 阅读以下[信息|文章|内容]，生成[n]个标题。
> [文章内容]

其中，"[n]"应被替换为你想要的标题数量。

下面是一篇短文。

机会成本是指投资者或企业选择一个选项而不是另一个选项时将失去的潜在收益。换句话说，机会成本是牺牲另一个机会产生的成本。

机会成本是人生和投资中的重要概念。

它可以帮助我们做出更好的决策。实际上，我们不可能拥有想要的一切，我们必须在各种情况下做出选择，关键是要做出能够使我们的利益最大化的决定。考虑机会成本可以帮助我们找到最具成本效益的资源使用方式。

机会成本可以通过比较最佳选项的回报和所选选项的回报来简单地计算，公

式为:

机会成本＝最佳的回报－所选选项的回报

假设你有选项 A——一份平均月薪为 4000 美元的工作机会, 选项 B——一份平均月薪为 5000 美元的工作, 但你更喜欢前一份工作。在这种情况下, 选择前一份工作的机会成本等于你每月少赚的 1000 美元。

但是, 机会成本有时不会表现为呈现短期特征的显性成本。如果选择前一份工作可以为你提供更好的职业道路, 那么将来可能会给你带来更多的好处。这就是不仅要考虑当前的机会成本, 还要考虑长期机会成本的原因。

我们以上述短文为例, 让 ChatGPT 生成标题, 提示如下。

P 阅读以下信息, 生成 5 个标题。

[此处是上述短文]

ChatGPT 返回的结果如下。

A 1. 机会成本: 理解这一重要概念, 让您做出更优质的决策
2. 最大限度地提高利益: 机会成本告诉您最有效的资源使用方式
3. 计算机会成本: 如何简单地衡量选择一个选项而失去的潜在收益
4. 隐性机会成本: 长期机会成本比当前机会成本更重要
5. 投资决策的重要概念: 机会成本的影响及如何避免损失

你可能会觉得, 这些标题并没有特别的吸引力。是的, 的确如此。不过我只用了最简单的语句, 没有给出更具体的要求。如果你想要更有吸引力的标题, 可以在此基础上, 给出更具体的要求。

下面是加入了更多要求的提示模板。

> [文章内容]
> 阅读以上内容, 按照以下指示生成 [n] 个标题: [具体指示]

我基于刚才的内容, 加了新的指示, 构造了一个提示。

P [刚才的短文]

阅读以上内容, 按照以下指示生成 5 个标题: 标题包含关键词 "机会成本"。

要有吸引力。

ChatGPT 据此提示生成了如下结果。

A
1. 了解机会成本，做出更明智的决策
2. 机会成本：你的每个决定都有代价
3. 不要忽视机会成本！它可能成为你的隐性成本
4. 最大化资源回报率：基于机会成本做决策
5. 机会成本：长期决策的重要影响因素

你可以对比一下，看两个版本的标题给你的感觉是否有所不同。

如果你的文章太长，不能完整地贴进对话框，可以写一段文章描述提供给 ChatGPT，提示模板如下。

> [文章描述]
> 阅读以上信息，按照以下指示生成 [n] 个标题：[具体指示]

以下是一个示例。

P
文章的主题是影响力，它从社会经济地位、专业能力、外貌和支配力 4 个方面介绍了怎样建立个人影响力。

阅读以上信息，按照以下指示生成 5 个标题：标题包含关键词"影响力"，标题中要有数字，标题前后要有反差。

ChatGPT 收到上面的提示后，生成了 5 个标题，结果如下。

A
1. 从 0 到 100：建立个人影响力的 4 个关键要素
2. 超越外貌：个人影响力的四大关键要素
3. 做好这 4 个方面：建立职业生涯中的无限影响力
4. 99% 的人都错了：正确理解影响力的作用
5. 10 年后的你会感慨当初为什么不重视影响力

这些标题就比较有吸引力。

要提醒的是，你提供的指示越具体，ChatGPT 生成的标题质量就越高。因此，你需要了解一些创作好标题的技巧。

以下是创作好标题的 10 种技巧。

(1) 彰显利益

彰显利益是指通过在标题中呈现读者阅读文章后可以获得的价值来吸引读者打开文章。

"除了拿'死'工资，还有哪些赚钱的方法？"暗示文章将提供一些方法让你赚到更多钱。

"这条策略能让你坚持运动"直陈文章提供的策略能让你坚持运动。

"读了这 4 本书，你会更懂行动"告诉读者阅读文章的收益是"更懂行动"。

(2) 营造紧迫感

在标题中加入具有时效性的时间信息，营造"不阅读就会错过"的紧迫感，能够有效提升文章打开率。

"她做读书博主月入 4.7 万元，愿意手把手教你'起号'秘籍——只在这周六"，通过"只在这周六"营造了限时的感觉。

"今天免邮 | 2.5 亿人在用的德国净水壶 半价 90 元"，通过"今天免邮"成功渲染出"过了今天就后悔"的紧迫感。

(3) 加数字

在标题中加入数字，可以有效增强价值感。

"5000 字干货：如何工作一年获得三年经验"，通过"5000 字"强调了文章的价值。

"分析了 2000 多份时间日志后，我发现了 7 个假象"，通过"2000 多份"强调了工作量，暗示文章所说的 7 个假象来之不易，很有价值。

(4) 制造稀缺感

稀缺的东西特别容易抓人眼球，在标题中制造稀缺感，可以有效吸引读者注意。

"独家对话 Costco 高管：关于 Costco，你可能不知道的 10 件事"通过"独家""高管"等字眼制造出稀缺感。

"最全美食攻略之一 | 中国这么大，我们去吃吃看"用"最全"二字渲染稀

缺感。

（5）制造反差

在标题中制造反差，能有效引起读者的好奇心，提升文章的打开率。

"11人团队每年创造上亿美元营收，科技公司人效凭什么这么高？"用"11人"和"上亿美元"制造反差。

"14岁打工现在29岁身价过亿，他都经历了什么？"用"打工"和"身价过亿"制造反差。

（6）提问

将读者关心的问题作为标题的主体，能瞬间唤起读者探究答案的好奇心，促使读者阅读文章。

"简历上什么内容，是招聘官最为看重的？"对求职的人就特别有吸引力。

"致忙碌的人：没有时间运动怎么办？"就特别能激起忙到顾不上健康的人的共鸣和好奇心。

（7）强调新知

在标题中提醒读者"这里有新知识"容易引起读者兴趣。

"最新的动画布局来了，一文带你了解"用了"最新"一词，高调宣称文章要讲新知识，可以成功吸引对动画布局感兴趣的读者。

"人社部官宣18个新职业，你听过几个？"用"新"字表明文章有新知识。

（8）嵌入热点事件

热点事件自带流量，在标题中嵌入热点事件，可以大大提高文章被阅读的可能性。

2022年2月16日，微信公众号"央视新闻"发表了标题为"看完冬奥会的七个瞬间，你会更懂这个词！"的文章，因为标题嵌入了"冬奥会"这个热点事件，引发了许多读者的兴趣，文章阅读量迅速超过10万。

电视剧《我是余欢水》热播的时候，就有"我们都是余欢水：中年人的改命，从不撒谎开始"等文章标题利用这个热点事件来增强吸引力。

（9）借影响

"借影响"是指在标题中加入影响力远超文章内容的人或组织，借用他们的知名度，增强标题的吸引力。

文章标题"阿里终面：为什么应用刚启动的时候比较卡，过一会儿就好了？"嵌入了一家知名互联网公司名字的简写"阿里"，价值感陡增。你品味一下去掉"阿里"后的标题——"为什么应用刚启动的时候比较卡，过一会儿就好了？"，应该可以感觉到其中的差别。

文章标题"贝索斯、芒格、黄铮、雷军盛赞的 Costco，为何如此强悍？"嵌入了 4 个名人的名字，如果去掉他们的名字，改成"Costco 为何如此强悍？"，效果就差了许多。

（10）引入排名

在标题中引入排名，能快速促使读者打开文章一探究竟。

"全中国最好吃的地方，××必须第一名"用了"最好吃""第一名"等词语，成功激起了读者的好奇心。

"票选全球票房 Top5，一部比一部'炸'"用"Top5"告诉读者文章里有排名，以激发读者的阅读兴趣。

理解了什么样的标题容易吸引读者，你就可以给 ChatGPT 提供更清晰的指示，让它生成具备指定特征的标题。

扫码关注公众号"AI 写作轻松学"并回复关键词"109"，查看更多针对不同场景生成标题的案例。

3.15 续写

续写是一种很有意思的写作方式，有助于培养我们的想象力、创造力和语言表达能力。我们在中学语文课堂上都学习过续写。不过在实际写作中，续写还是比较难的。

ChatGPT有极强的续写能力,可以帮我们续写一个句子、一个段落,甚至一篇文章。接下来我们逐一看看怎么做。

(1)续写句子

续写句子的提示模板如下。

> **完成以下句子:**
> [待续写的前半句内容]

示例1如下。

P 完成以下句子:
我上午去了

ChatGPT续写的结果如下。

A 我上午去了公园。

示例2如下。

P 完成以下句子:
我早上在酒店接待了一个客户,他

ChatGPT续写出了下面的句子。

A 我早上在酒店接待了一个客户,他是来参加我们公司的会议的。

(2)续写段落

续写一个段落的提示模板如下。

> **完成以下段落:**
> [段落开头]

或者:

> **从下面的文字开始续写1段话:**
> [段落开头]

或者：

> 将下面的文字续写成 1 个段落：
> [段落开头]

示例 1 如下。

P 完成以下段落：
今天上午领导批评我没有按时完成工作，

ChatGPT 续写出了下面的段落。

A 今天上午领导批评我没有按时完成工作，我非常抱歉和惭愧。我意识到自己的问题在于缺乏时间管理和计划能力，因此我决定制订一个更好的工作计划，以便更好地管理时间和任务。我会努力改善自己的工作方式，确保以后不再出现这样的问题。我也将向同事们寻求帮助和建议，希望能从他们的经验中获得启示。我知道自己的工作对公司的重要性，因此我会竭尽全力，避免再次让领导失望。

示例 2 如下。

P 从下面的文字开始续写 1 段话：
我今天上午买了一本《Python 核心编程》，

ChatGPT 给出的结果如图 3-8 所示。

> LT 从下面的文字开始续写1段话：
> 我今天上午买了一本《Python核心编程》，

> 我一直对编程语言非常感兴趣，而Python是我近来学习的一门语言。我听说过《Python核心编程》这本书，它是深入剖析Python核心概念和技术的经典教材。今天上午我终于去书店买了这本书，并迫不及待地想要开始阅读。在我看来，Python是一门非常强大且广泛应用于许多领域的编程语言。它广泛应用于数据科学、机器学习、人工智能等领域。而对我而言，学习Python不仅可以提高我的编程技能，也可以帮助我更好地应对未来的职业发展。因此，我将会花费更多的时间学习这门语言，掌握其核心概念和编程技术，为将来的工作打下坚实的基础。

图 3-8 "从下面的文字开始续写 1 段话"提示及其回答

可以看到，使用"从下面的文字开始续写 1 段话"这种提示时，ChatGPT 不会呈现我们给出的句子，只提供它续写的内容。实际使用时，我们需要把这两部分组合起来，形成完整的段落。上述示例中完整的段落是以下这样的。

我今天上午买了一本《Python 核心编程》，我一直对编程语言非常感兴趣，而 Python 是我近来学习的一门语言。我听说过《Python 核心编程》这本书，它是深入剖析 Python 核心概念和技术的经典教材。今天上午我终于去书店买了这本书，并迫不及待地想要开始阅读。在我看来，Python 是一门非常强大且广泛应用于许多领域的编程语言。它广泛应用于数据科学、机器学习、人工智能等领域。而对我而言，学习 Python 不仅可以提高我的编程技能，也可以帮助我更好地应对未来的职业发展。因此，我将会花费更多的时间学习这门语言，掌握其核心概念和编程技术，为将来的工作打下坚实的基础。

（3）续写文章

你可以使用与续写句子、续写段落类似的提示来让 ChatGPT 续写文章，提示模板如下。

> 完成以下文章：
> [开头内容]

你也可以使用下面的提示模板来续写文章。

> 下面是一篇文章的开头，请续写后面的部分。
> [开头内容]

其中，"[开头内容]"是你提供的开头。

如果你提供的内容已经点明了文章主题，ChatGPT 就会根据你的主题写下去。

P 下面是一篇文章的开头，请续写后面的部分。
Markdown 是一种非常实用的文本标记语言，广泛应用于网页排版和技术文档编写等场景。

ChatGPT 收到提示后，续写出的完整文本如下。

A　　Markdown 是一种非常实用的文本标记语言，广泛应用于网页排版和技术文档编写等场景。

在 Markdown 语言中，使用简单的符号和文字即可实现排版和文本格式化。与传统的排版方式不同，Markdown 语言更加简洁和易于阅读，同时便于文本编辑和共享。

其中，Markdown 语言最常用的符号是井号（#）、星号（*）、下画线（_）等。例如，使用一个井号可以实现一级标题的效果，而使用两个井号可以实现二级标题的效果。使用星号和下画线可以分别实现粗体、斜体等效果。

在编写技术文档时，Markdown 语言可以帮助我们更快速地编辑文本内容，同时轻松实现表格、代码块等排版效果。在网页排版方面，Markdown 语言广泛应用于博客、论坛等场景。

虽然 Markdown 语言非常简单易用，但是对于初次接触的人来说，仍然需要花费一些时间和精力去熟悉它的使用方法。但是，一旦熟悉 Markdown 语言的使用方法，工作效率和文本排版质量都会大大提升。

总之，Markdown 语言是一种非常实用的文本标记语言，可以帮助我们更好地编写技术文档和提升文本排版质量。我相信，随着时间的推移，Markdown 语言将会越来越受到广大用户的欢迎。

如果你提供的文章开头无法界定文章主题和类型，ChatGPT 可能会猜测主题，生成一篇文章。

P　　下面是一篇文章的开头，请续写后面的部分。
王二从小就很淘气，常常惹事，搞得爸爸妈妈非常头疼。

ChatGPT 续写的结果如下。

A　　王二从小就很淘气，常常惹事，搞得爸爸妈妈非常头疼。
他的父母想方设法纠正他的行为，但似乎一点效果都没有。王二的老师们也都认为他尽管聪明伶俐，但总是不听话，难以教育。他的同学们甚至开始远离他，觉得和他在一起会惹麻烦。

但是，有一天，王二的人生发生了奇妙的转变。那是一个春天的早晨，王二从睡梦中惊醒，感觉自己变得很不一样了。他发现自己对于周围的事物开始有了新的认识，眼前的一切变得更加清晰而真实，他开始意识到自己的行为对于他人的影响，以及自己想要成为怎样的人。

从那天起，王二开始认真对待学习，积极参加各种活动，乐于助人，不再做出那些让父母、老师、同学感到不满的事情。他变得越来越优秀，成为班级里的佼佼者，获得了老师和同学们的尊重和喜爱。

现在，王二已经长大成人，回想起自己曾经淘气的岁月，他感慨良多。他明白了，人生中的每个转折点都可以成为自己改变的契机，只要敢于迎接挑战，认真思考自己的行为，就一定能够找到自己的方向，走向成功。

如你所见，ChatGPT 生成了一个讲述王二从淘气变得积极奋进的故事。

但如果你指定一种故事类型，它就会生成你想要的结果。

下面是新的提示，指定生成科幻小说。

P 下面是一篇科幻小说的开头，请续写后面的部分。

王二从小就很淘气，常常惹事，搞得爸爸妈妈非常头疼。

这次 ChatGPT 给出了下面的故事。

A 王二从小就很淘气，常常惹事，搞得爸爸妈妈非常头疼。

但是，在王二的 15 岁生日这天，一件奇怪的事情发生了。他突然感觉到一股奇异的力量涌入了自己的身体，接着整个世界开始发生变化。原本他熟悉的景象瞬间消失不见，取而代之的是一个全新的、陌生的世界。

在这个新的世界里，科技已经高度发达，人们可以通过神秘的科技手段掌控时间和空间。他发现自己也拥有类似的技术，他可以通过思维控制周围的一切，一种神秘的力量让他可以改变世界的运行轨迹。

然而，这种神秘的力量也让王二成了一个被追杀的人。他发现，他不是唯一拥有这种神秘力量的人，一些势力开始利用这种神秘力量做出各种恶行，并开始追杀其他拥有这种神秘力量的人，而王二也成了他们的目标。

王二深陷其中，他开始探索这个新的世界，寻找解救自己的方法。他与一些志同道合的人联手，他们既要保护自己，同时也要寻找其他拥有这种神秘力量的人，揭开背后的真相。他们的冒险开始了，一个既危险又神秘的未来等待着他们去发掘。

可以看到，因为提示中说明了文章类型为科幻小说，ChatGPT 生成了与之匹配的内容。

对于续写来讲，你应当将自己对文章的期待具体地描述出来，这样 ChatGPT 才能生成你想要的内容。

为了方便你描述期待，我设计了下面的提示模板。

> 下面是一篇文章的开头，按照以下指示完成文章：[具体指示]
> [开头内容]

下面是新的提示，我给出了对故事情节和武打场面的要求。

P 下面是一篇文章的开头，按照以下指示完成文章：这是一篇武侠小说，主人公名叫王二；王二在机缘巧合之下学会了绝世武艺；王二下山闯荡江湖时遇到山贼打家劫舍；王二打败了数十位山贼，救了村民；用带有名字的武功招式详细描写王二与山贼打斗的过程。

王二从小就很淘气，常常惹事，搞得爸爸妈妈非常头疼。

ChatGPT 续写的故事如下。

A 王二从小就很淘气，常常惹事，搞得爸爸妈妈非常头疼。

然而，王二的命运因为一个偶然的机会发生了巨大的改变。一天，他得到了一本古老的武功秘籍，名为《天魔心法》。这本秘籍记载着绝世武艺，据说只有极少数人可以练成。王二认为机缘降临，毅然决定上山并投身于武学的修行之中。

经过漫长且刻苦的训练，王二终于成功地领悟了《天魔心法》的精髓，成了一位武功出类拔萃的高手。他身手矫健，招式凌厉，令人叹为观止。

王二决定下山闯荡江湖，寻找机会证明自己的武艺。然而，他没想到的是，他刚刚踏出山门，就遇到了一伙凶残的山贼，他们正在打劫村民。

王二立即展现出他惊人的武艺。他身法敏捷，攻守兼备，毫不畏惧地迎战山贼。在与山贼的激烈打斗中，王二展现了他独特的武功招式。

他先是运用"九天剑法"，挥舞着手中的长剑，一剑接一剑地破解山贼们的攻势，快如闪电、准如箭。

接着，王二施展出"雷动九天"，双手疾舞，发出震耳欲聋的雷鸣声，以雷霆之势震慑山贼，使他们不寒而栗，无法靠近自己。

最后，王二使出绝招"天魔无敌"，全身散发出阵阵魔气，犹如天魔降世，无坚不摧，成功击败了数十位山贼。

山贼们纷纷倒地，无法再起。王二转身看向村民们，微笑道："大家不用害怕了，我已经把这些山贼都解决了。"村民们感激地看着王二，赞叹他的英勇和武艺高强。

王二用自己的武术才能保护了无辜村民，成了正义和勇气的象征。他决心将这门绝世武艺发扬光大，为江湖中的正义事业奋斗到底。

如你所见，ChatGPT 理解了我的指示，较好地完成了续写任务。

3.16　生成摘要

在工作和生活中，我们经常需要从各种信息渠道浏览大量信息以选取对自己有用的内容。此时，逐字逐句阅读筛选，效率就特别低。更好的方式是，快速了解和判断信息与我们所需要的内容的相关性，挑选出相关性高的信息进行进一步的研读和筛选。

ChatGPT 可以概述图书、电影、剧本、文章等的内容，生成摘要，大大提高了我们筛选信息的效率。

（1）简要概括文学作品

对于著名的文学作品，提供名字，ChatGPT 就可以生成摘要。提示模板如下。

> **[简要概括|总结][某文学作品]**

其中,"[某文学作品]"指你想概述的作品,如《罗密欧与朱丽叶》。

P 简要概括《罗密欧与朱丽叶》。

ChatGPT 给出了如下结果。

A 《罗密欧与朱丽叶》是莎士比亚最著名的戏剧作品之一,被视为世界文学史上最伟大的爱情故事之一。

该作品讲述了两个来自敌对家族的年轻人罗密欧和朱丽叶的爱情故事。两人相遇时立刻坠入了爱河,但他们所在的两个家族之间有着长期的仇恨,这让他们的爱情面临着重重的阻碍。

尽管如此,罗密欧和朱丽叶仍然努力维持他们的关系,并计划私奔。但是,一些意外事件导致两人最终以悲剧性的方式结束了自己的生命。

这个故事强调了爱情的力量和人们为了爱情所做出的牺牲。它也提醒我们不要让仇恨和冲突毁掉我们的生活和幸福。

瞧,ChatGPT 多厉害,用 200 多个字概括了莎士比亚几万字的剧本。

再看一个示例。

P 简要概括《人类简史》。

结果如下。

A 《人类简史》是以色列历史学家尤瓦尔·赫拉利所著的一本畅销书,旨在探讨人类历史的演变和发展。

在书中,作者探讨了从早期的狩猎采集社会到现代社会的演变历程。他通过对人类历史上的政治、文化、社会和科技等各个方面的探讨,提出了一系列引人深思的观点和假说。

其中,作者提出了"认知革命""农业革命""科学革命"等概念,并对人类历史上的种种事件和进程进行了深入的解读和分析。此外,他也提出了对未来的种种预测和猜测,以引起读者的思考。

《人类简史》深入浅出地阐述了人类历史上的重大事件和进程，带领读者思考人类的过去、现在和未来，对于理解人类历史和现代社会有着重要的启示和影响。

当你使用 ChatGPT 概括文学作品时，要注意一点：ChatGPT 3.5 的训练数据库更新时间是 2021 年 9 月，这个日期之后的文学作品，它可能不知道。

（2）简要概括指定文字

除了文学作品，ChatGPT 还能简要概括你指定的文字。

提示模板如下。

> [简要概括|总结]下面的[文章|信息|内容]
> [待摘要的内容]

我之前写过一篇文章，题目是《如何面对工作能力比自己强的人》。我请 ChatGPT 为它生成摘要，下面是我发给 ChatGPT 的提示。

P 简要概括下面的文章。

面对工作能力比自己强的人，我们通常有 3 种反应。

第一种反应是自卑，觉得别人好优秀，自己怎么这么差，进一步可能会轻视自己，对自己失望，觉得自己怎么努力也竞争不过别人，再进一步又可能会担心别人看不起自己，不尊重自己，然后可能会在这个工作能力强的人面前刻意放低姿态，踩自己、抬对方，奉承逢迎。

第二种反应是妒忌，心里怨恨这个工作能力强的人，可能觉得对方会抢走自己的风头和机会，让自己在领导面前失宠，也可能会因此在工作上故意不配合对方。

第三种反应是见贤思齐，觉得自己怎么就这么幸运，碰上一个工作能力这么强的人，可以向他学习，然后将对方视为标杆，分析对方哪里比自己强（知识、技能、经验等）、为什么比自己强（更努力、方法好、入行早等），从中找出自己可以学习的地方，帮助自己快速进步。同时在工作上也会主动向工作能力强的人靠近，通过更多地与工作能力强的人共事，让自己变得更强。

我们在面对工作能力强的人时，以上 3 种反应可能会先后出现。而且，先出现的，很可能不是我们想要的"见贤思齐"，而是"自卑"或"妒忌"。

面对自卑、妒忌等普遍认为比较负面的反应，我们也没必要排斥或否定。因为它们是我们的自然反应和普遍现象，一遇到刺激就会自动出现。一旦它们出现，排斥、否定等做法并不会让它们立即消失，反倒会延缓它们自然消退的进程，让我们持续受到它们的影响。

我们可以做的，有3点。

首先，承认自卑、妒忌等情绪的存在。

其次，分析工作能力强的人为何如此，是入行早、更努力、经历了更有挑战性的项目、采用了更高效的方法还是别的原因，为彼此的差距找到合理的解释，这样就能建立新的反应通路，负面情绪就会慢慢消退，正面的情绪会逐渐出现。

最后，从标杆身上找到可以学习的地方，如他的态度、工作方法、知识体系等，并将其改造成适合自己的，帮助自己成长。

每次遇到工作能力比我们强的人，都试着这样做，久而久之，我们就能把"见贤思齐"修炼成默认的处理模式，从而变得越来越强。

ChatGPT生成的结果如下。

A 这篇文章讨论了我们面对工作能力比自己强的人时可能出现的3种反应：自卑、妒忌和见贤思齐。作者认为，我们应该承认自卑、妒忌等负面情绪的存在，不应排斥或否定它们。相反，我们应该分析工作能力强的人为何如此，为彼此的差距找到合理的解释，并从他们身上找到可以学习的地方，帮助自己成长。每次遇到工作能力比自己强的人时，都应该试着以这种方式处理负面情绪，从而逐渐将"见贤思齐"修炼成默认的处理模式。

我的原文长度是800多字，ChatGPT生成的摘要只有不到200字，但保留了基本的意思。

如果你想要快速了解一篇文章或一段信息的梗概，可以试试这种摘要方式。

3.17　以指定的风格生成内容

在你不提供任何额外指示的时候，ChatGPT 写出来的文章，风格正式，偏机械，略显枯燥乏味。如果你不喜欢这种风格，可以采用更具体的指示，让 ChatGPT 按某种风格调整文本。

最简单的做法是指定一种风格。

我们以"爱情美好"为主题，以"写一篇 [主题描述] 的文章"为提示，来看看不同风格的内容。

（1）默认语言风格

首先采用最基础的提示，不加任何风格指示。

提示如下。

P 写一篇讨论爱情美好的短文。

ChatGPT 生成的短文如下。

A 爱情，是一种美好的感觉，一种无法言喻的情感体验。它能让人感受到无尽的温暖和幸福，能让一个人的人生变得更加美好和完整。

在爱情的世界里，我们可以找到一个能够理解自己、支持自己、陪伴自己的人。我们可以与那个人共分享喜悦，共担忧愁，共同经历生活中的点滴和挑战。有了爱情，我们的人生将变得更加有意义和充实。

爱情也能够激发我们的创造力和想象力。我们会想方设法地为对方制造惊喜，为对方准备特别的礼物和活动。在爱情的世界里，我们能够释放出内心深处最真实的自我，与对方分享自己的梦想和追求，共同创造出一个更加美好的未来。

然而，爱情也不是完美无缺的。它需要我们不断地投入和努力，需要我们处理好彼此之间的分歧和矛盾。在爱情的世界里，我们需要更多的沟通、理解和包容，才能让它真正地绽放出光芒。

总的来说，爱情是一种美好而神奇的力量，它能够让我们的人生变得更加有意义和快乐。无论我们身在何处，都可以感受到它的温暖和美好。

请读一读，感受一下，这篇短文是不是有点中规中矩、平平无奇？

（2）描述一种语言风格

你可以用一些词语描述出某种语言风格，提供给 ChatGPT，让它按这种风格生成文字。口语化、幽默、清新、细腻、含蓄、非正式、通俗、严肃、朴实、热烈、豪放、婉约、公文式等，都可以用来描述语言风格。

指定语言风格时，可参考下面的提示模板。

> 使用[风格描述]的语言，写一篇[主题描述]的[短文|文章]

其中，"[风格描述]"需替换为你想要的语言风格，"[主题描述]"需替换为实际的文章主题。

让我们看看公文式语言风格的效果，提示如下。

P 使用公文式的语言，写一篇讨论爱情美好的短文。

ChatGPT 根据提示生成了下面的文章。

A 尊敬的读者：

经过深入研究与调查，我们得出结论：爱情具有美好、纯洁等特点。它是人类的一种本能需求。因此，我们有必要珍视和维护爱情。

在家庭中，夫妻之间的爱情是家庭和谐的基石。夫妻之间应该相互尊重、支持和理解，共同承担家庭责任，共同营造幸福的家庭氛围。

在职场中，员工之间的爱情也需要得到尊重和保护。企业应该营造和谐的工作氛围，防止员工之间发生不正当的恋爱行为，以免影响工作的顺利进行。

在社会中，爱情也是促进社会发展的重要力量。我们应该鼓励和支持真爱，反对不正当的恋爱行为，同时也应该保障每个人的婚姻自由和家庭幸福。

总之，爱情美好而神圣，我们应该认真对待并加以珍惜，共同营造一个充满爱和温暖的社会环境。

此致

敬礼！

这个版本，是不是一下子正式、严肃了许多？

换一种豪放的语言风格再看看,下面是提示。

P | 使用豪放的语言,写一篇讨论爱情美好的短文。

ChatGPT 生成的内容如下。

A | 看到这个题目,我激动不已,因为我要写的是爱情!爱情,是一个充满热情的词。

我要告诉你们,爱情并不是什么温柔的东西,它可是燃烧着的火焰,像一道电流,从你的心脏涌出,激荡着你的整个身体!

爱情是个宝贵的礼物,它能让你忘记所有的烦恼和痛苦,像一股清泉一样洗涤你的灵魂。它可以让你感受到前所未有的幸福和满足,就像是一场酣畅淋漓的盛宴,让你忘记所有的烦恼和不快。

当然,爱情也不是一件简单的事情。它像一把双刃剑,既让你感到幸福,又让你感到悲伤。但是,这一切都是值得的,因为爱情的美好是无法用语言来形容的。

所以,我的朋友们,如果你们还没有感受到爱情的魔力,就去找寻它吧!敞开心扉,迎接未知的挑战。爱情可不是一个简单的词语,它是生命中最珍贵的财富之一。它就像一支火炬,可以点燃你的人生,让你的生命充满光彩和意义。

这个版本的文章读起来充满激情,是吗?

(3)指定使用某位名人的语言风格

如果你喜欢某位名人(作家/诗人/歌手/相声演员等)的语言风格,也可以指定 ChatGPT 采用他的语言风格来生成内容。

提示模板如下。

使用[名人名字]的语言风格,写一篇[主题描述]的[短文|文章]

这里的名人,应当非常有名并且有自己独特的语言风格,比如钱锺书、安徒生、马克·吐温等。不然,ChatGPT 可能识别不出来,会随便用某种风格来写。

P 使用中国作家钱锺书的语言风格,写一篇讨论爱情美好的短文。

ChatGPT 收到上面的提示后给出了下面的文章。

A 在此万花筒般纷纷扰扰的人世间,令人捉摸不透的事情不乏其数,其中最让人琢磨不透,也最让人抱有无尽好奇的,大概就非爱情莫属了。爱情这个绵绵长夜的明灯,照亮了我们无数个黑暗的夜晚,却又像春雨一般悄然而至,往往在你毫无防备之时打湿你的心田。

爱情是一个乐园,里面有我们心中最深的渴望、最激烈的热情,也有我们心中最深的痛苦、最绵长的等待。这是一个多么矛盾又多么完美的地方,既是我们的乐土,也是我们的战场。在这里,我们可以欢笑,可以痛哭,可以向对方坦露心迹,也可以独自面对内心的挣扎。

爱情的美好不仅仅在于相互的深情厚意,还在于那无尽的理解与包容。在生活中,我们往往被各种琐碎的事情所困扰,然而,当我们有了爱情,这些事情就变得不那么重要了。因为在爱情的光芒下,一切都显得那么渺小,那么不值一提。

爱情有时如清晨的露水,洗涤我们的灵魂,使我们的心境变得清新而明亮;有时如烈日下的绿荫,为我们的心灵提供一片宁静的避风港。在爱情面前,我们所有的虚伪、所有的做作、所有的矫饰都将烟消云散,只留下那最真、最纯的自我。

那么,什么是爱情的美好呢?爱情的美好就是你我相互的倾诉,是你在我最需要的时候给我安慰,是我在你最疲惫的时候给你力量。它是无声的承诺,是永恒的等待,是无尽的期盼。

上面的短文,用了各种比喻、比方,与钱锺书的行文风格,的确有一点点相似。

(4)使用你自己的语言风格

你也可以提供一段你自己写的文字,让 ChatGPT 模仿你的语言风格,生成文字。提示模板如下。

> [你的文字]
>
> 学习上面的文章,使用它的语言风格,生成一篇[主题描述]的[文章|短文]。注意,[附加要求]

我选择鲁迅《阿Q正传》中的几段文字,让ChatGPT学习,然后生成"爱情美好"的短文。提示如下。

P 阿Q不独是姓名籍贯有些渺茫,连他先前的"行状"也渺茫。因为未庄的人们之于阿Q,只要他帮忙,只拿他玩笑,从来没有留心他的"行状"的。而阿Q自己也不说,独有和别人口角的时候,间或瞪着眼睛道:

"我们先前——比你阔的多啦!你算是什么东西!"

阿Q没有家,住在未庄的土谷祠里,也没有固定的职业,只给人家做短工,割麦便割麦,舂米便舂米,撑船便撑船。工作略长久时,他也或住在临时主人的家里,但一完就走了。所以,人们忙碌的时候,也还记起阿Q来,然而记起的是做工,并不是"行状";一闲空,连阿Q都早忘却,更不必说"行状"了。只是有一回,有一个老头子颂扬说:"阿Q真能做!"这时阿Q赤着膊,懒洋洋的瘦伶仃的正在他面前,别人也摸不着这话是真心还是讥笑,然而阿Q很喜欢。

阿Q又很自尊,所有未庄的居民,全不在他眼神里,甚而至于对于两位"文童"也有以为不值一笑的神情。夫文童者,将来恐怕要变秀才者也;赵太爷钱太爷大受居民的尊敬,除有钱之外,就因为都是文童的爹爹,而阿Q在精神上独不表格外的崇奉,他想:我的儿子会阔得多啦!加以进了几回城,阿Q自然更自负,然而他又很鄙薄城里人,譬如用三尺长三寸宽的木板做成的凳子,未庄人叫"长凳",他也叫"长凳",城里人却叫"条凳",他想:这是错的,可笑!油煎大头鱼,未庄都加上半寸长的葱叶,城里却加上切细的葱丝,他想:这也是错的,可笑!然而未庄人真是不见世面的可笑的乡下人呵,他们没有见过城里的煎鱼!

阿Q"先前阔",见识高,而且"真能做",本来几乎是一个"完人"了,但可惜他体质上还有一些缺点。最恼人的是在他头皮上,颇有几处不知于何时的癞疮疤。这虽然也在他身上,而看阿Q的意思,倒也似乎以为不足贵的,因为他讳说"癞"以及一切近于"赖"的音,后来推而广之,"光"也讳,"亮"也讳,再后来,连"灯""烛"都讳了。一犯讳,不问有心与无心,阿Q便全疤通红的发起怒来,估量了对手,口讷的他便骂,气力小的他便打;然而不知怎么一回事,总还是阿Q吃亏的时候多。于是他渐渐的变换了方针,大抵改为怒目而视了。

学习上面的文章,使用它的语言风格,生成一篇讨论爱情美好的短文。注意,不要引用文章中的人名、地名和句子。

ChatGPT 根据上面的提示,写出了这样的文章。

A 爱情,真是个让人昏头昏脑的词语,仿佛从天边来,又忽然向地底去。对于这些迷茫的情侣们来说,爱情不就是一种互相帮忙,互相嘲笑的游戏吗?而那深深浅浅的爱情"行状",却如同缥缈的雾气,一时难以琢磨。

"我们曾经相爱的时候,是那么的纯粹,那么的深情。"情侣间常有这样的甜言蜜语,但爱情的"行状",却是无法轻易捉摸的。他们在爱河中游荡,忙碌于彼此的欢笑、泪水、怒火,而那爱情的"行状",就像在雨中舞动的伞,一刹那明亮,一刹那暗淡。

爱情的美好,就像光明一般,既可以照亮世界,也可以引来疲惫。人们会惊叹:"这般深情,真是令人心动。"而对于那些痴心的情侣们,这种赞美或许是真诚,或许是讽刺,他们却无比珍视。

他们在爱情中充满自尊,对于外界的一切,都无法进入他们的眼帘。那些闲言碎语、冷言冷语,对他们来说,都不值一笑。他们想:"我们的爱情,比你们理解的要深远得多!"然而,他们也鄙薄那些只懂得肤浅爱情的人,如同未庄人一样,不知道真正的爱情是怎样的。

爱情的美好,又深又广,又高又远。他们相爱,共度时光,仿佛已经是一对"完人"。但可悲的是,他们的身体,总是有些难以言表的疼痛。他们会生气,会斗嘴,甚至会相互伤害。然而,他们最终发现,无论怎么争斗,总是自己吃亏的时候多。于是他们慢慢学会,放下争斗,选择静静地相视,选择和平的爱情。

怎么样,ChatGPT 学得还是挺像的吧?

3.18 套结构仿写

上一节讲到,我们可以让 ChatGPT 模仿名人的语言风格来生成内容,这其实是仿写的一种。在工作和生活中,还有一种特别典型的仿写——按特定的结构表达信息,比如述职答辩、工作总结、自我介绍、颁奖词等。好多人遇到这类情景,就算前面有人"打样",还是感觉很难。此时,不妨试试 ChatGPT,让它学习给定的范例,生成结构与范例类似的内容。

使用 ChatGPT 完成这类仿写的提示模板如下。

> [结构介绍]
> [范例1]
> [范例2]
> ……
> [任务描述]

其中,"[结构介绍]"是对你想让 ChatGPT 仿写的结构的简要介绍,这部分内容也可不提供;"[范例1]""[范例2]"代表你想让 ChatGPT 学习的例子,可以是一个、两个、三个或者多个;"[任务描述]"代表你想让 ChatGPT 做的事情,你可以结合 2.6 节介绍的基础指令提示或进阶指令提示来编写任务描述。

我以面试中常用的 STAR 法则为例来演示套结构仿写的做法。下面是我完全参照模板撰写的提示。

P STAR 法则常用于在面试中介绍项目经历。S 指项目的背景信息,T 指个人在项目中承担的职责,A 指个人围绕项目采取的各种行动,R 指项目的结果,一般采用数字来量化描述。

范例1 用 STAR 法则介绍自己参加的辩论赛。

【S】大二参加辩论赛,全校共十支队伍参加比赛,其中有两支队伍已经连续两年进入前三名,而我们是第一次组队参赛。

【T】但我们还是希望能够获得名次。

【A】比赛前,作为二辩的我,收集了许多资料,并将资料与队友分享。同时，我积极组织队友在课余时间进行自由选题辩论练习。

【R】最终在不懈的努力下，我们获得了第二名的成绩，我也获得了"最佳辩手"称号。

范例2　用STAR法则介绍自己负责策划的花灯会活动。

【S】在我大二时，学校举办花灯会活动。

【T】我作为院学生会文娱部部长负责策划和举办整个活动。

【A】从活动策划书撰写到最终敲定、物资购买、场地协商和人员安排都由我负责，我将工作有序分配给部门成员；同时，与院内其他部门的合作以及和社团老师的沟通都由我负责协商。

【R】最后，花灯会活动取得圆满成功，还获得了全校"最受欢迎活动"奖。

学习上面介绍的STAR法则和运用STAR法则的两个范例，分析下面这段文字，提取其中的项目背景、个人职责、行动和结果，将其整理成符合STAR法则的形式。

去年领导让我负责搭建新媒体矩阵。因为擅长写作，所以我选择了公众号和知乎。我花了大量精力创作内容，写了50多篇公众号文章，写了100个知乎回答。对了，还有小红书，我写了30多篇笔记。领导说做这些事情是为了宣传公司的产品，低成本获客。年底的时候，我运营的账号在公众号、知乎、小红书上一共积累了16000名粉丝，其中有30名粉丝购买了公司开发的领导力课程。

ChatGPT收到上面的提示后，给出了下面的结果。

A

【S】去年，我受领导委派负责搭建新媒体矩阵，选择了公众号、知乎和小红书作为平台。

【T】我的职责是撰写内容，并宣传公司的产品以实现低成本获客。

【A】为了实现目标，我全年投入大量精力创作，共写了50多篇公众号文章、100个知乎回答和30多篇小红书笔记。我与团队密切合作，确保文章设计与公司形象一致。同时，我不断学习优化营销策略和社交媒体推广技巧，以吸引更多的读者和粉丝。

【R】通过持续努力，我运营的账号在公众号、知乎和小红书上共吸引了

16000名粉丝，其中有30名粉丝购买了我们公司开发的领导力课程。这个结果不仅是我个人努力的成果，也是团队协作的结果。

ChatGPT完成得相当漂亮！我们只要把它生成的S、T、A、R这4个部分连起来，就可以得到一段不错的项目经历介绍。

上述示例相对复杂，还有一种简化的用法：不提供结构介绍，任务描述部分也不提供输入信息。下面我以FAB法为例来演示一下具体怎么做。

FAB法是拆书帮的拆书家向学习者介绍书的一种方法，这种方法围绕F（Feature）、A（Advantage）、B（Benefit）3个方面介绍一本书。其中F指书本身的特征，主要介绍书的内容、作者等信息；A指书的优势，是相对于同类书而言的，可以介绍销量、名人推荐原因、行文特点等；B指书能为读者带来的利益，包括解决什么痛苦、创造什么价值、实现什么梦想等，用来引起读者的兴趣。

下面是我编写的提示。

P 用FAB法介绍图书《影响力》。

【F】《影响力》讲了6条能用来影响他人的心理学原理。《影响力》的作者是罗伯特·B.西奥迪尼，一位著名的心理学家。

【A】《影响力》是社会心理学类图书中非常畅销的一本，被翻译成26种语言，全球销量超过300万册。《影响力》学理扎实，行文生动，得到了查理·芒格等众多名人的推荐。

【B】你有没有过激动地给别人推荐你特别认可的东西而人家却无动于衷的经历？这本书能提升你影响他人的能力。你有没有过莫名其妙买了某种东西不久就后悔不已的经历？你有可能是被人影响了，这本书能让你避免被别人影响。除了提升影响力，避免被别人影响，这本书还能提升你的管理和营销能力。

用FAB法介绍图书《内向者沟通圣经》。

【F】《内向者沟通圣经》是一本面向内向者的沟通类图书，作者是珍妮弗·康维勒，美国著名职场人力资源开发专家，被誉为"内向型人格之王"。这本书通过案例仔细讲解了如何将4P法运用在公众演讲、领导力提升、项目管理、向上管理、人际关系网络建立等方面，堪称"内向者的职场升级宝典"。

【A】这本书相比同类图书，最大的特点是其独创的简单实用的4P法，只需4个步骤，就可以"引爆"内向者的领导潜力。美国国家航空航天局、通用电气等著名机构以及众多的世界500强公司都在采用这本书提供的方法。

【B】如果你有意见却不敢向上司提、害怕公开演讲、开会时总是沉默、带项目不知道怎么管人、当经理不知道怎么领导下属，这本书提供的4P法清晰具体、以结果为导向，可以帮助你改变现状，获得成功。

学习上面两个运用FAB法介绍图书的示例，用FAB法介绍图书《非暴力沟通》。

你可以留意一下现在用的提示和STAR法则版本的提示之间的异同。ChatGPT收到提示后，很快生成了下面的内容。

【F】《非暴力沟通》是一本关于沟通技巧和人际关系的经典著作。它由马歇尔·卢森堡所著，他是一位著名的心理学家和冲突解决专家。

【A】这本书深受读者喜爱，被翻译成多种语言，全球销量超过200万册。它以简洁明了的语言和实用的技巧，帮助人们改善沟通方式，建立更加和谐的人际关系。

【B】如果你在与他人的交流中经常遇到冲突和障碍，这本书将教你非暴力沟通的原则和方法。通过学习书中的技巧，你将能够更好地表达自己的需求和感受，同时能够倾听和理解他人的立场。这本书还提供了解决冲突和建立亲密关系的实用指南，无论是在家、公司还是在社交场合，你都能受益匪浅。《非暴力沟通》将帮助你建立更加积极、有效和有意义的人际关系，让你在各个方面取得更好的成果。

我把ChatGPT生成的结果发到拆书帮三级拆书家的社群中，大家都说ChatGPT完成得相当漂亮，让人感到震惊。

使用套结构仿写提示模板的关键点有两个：一是准备若干规范的示例；二是在编写任务描述时要明确、具体。如果你采用这种提示，没能获得预期的结果，请围绕这两个关键点进行完善：多调整、多测试。

3.19 写开头

你可能经常为怎么写出有吸引力的文章开头而苦恼，ChatGPT 懂得许多文章开头写作"套路"，可以帮你搞定这件事情。

最简单的提示模板如下。

> 请为一篇 [主题描述] 的文章写一个开头

其中，"[主题描述]"需要替换成目标文章主题的简短描述。

提示如下。

P 请为一篇关于制订个人年度计划的文章写一个开头。

ChatGPT 生成的开头如下。

A 每当新的一年开始，我们都怀揣着新的期望和目标。而为了确保我们能够有条不紊地迈向成功，制订一个明确而有实质性意义的个人年度计划是至关重要的。个人年度计划不仅可以帮助我们明确自己的目标和愿景，还能够为我们提供一个清晰的路线图，引领我们在新的一年中取得进步和成就。然而，制订一个有效的个人年度计划并不仅仅是确定一些表面上的决心和期望，它需要思考、计划和行动的结合。在本文中，我们将探讨一些关键的步骤和策略，帮助您制订一个个人年度计划，使您能够以有意义和有目标的方式迈向更加充实和成功的一年。

如你所见，ChatGPT 生成的开头很普通，也不吸引人，这是因为我们的提示过于简单、宽泛。如果我们能在提示中给出更多明确的信息和指示，如文章主题、目标读者、关键要点、语言风格、长度要求、指导性问题等，ChatGPT 写出的开头的质量就会好很多。

使用下面的提示模板，你可以提出各种具体要求，指导 ChatGPT 写出更好的开头。

> 按照以下指示写一个开头：[具体指示]

提示如下。

P 按照以下指示写一个开头：文章的主题是"制订个人年度计划"；读者没有制订个人年度计划的经验；读完文章后，读者想立刻制订一个个人年度计划；文章开头要描述一个情景以引发读者共鸣。

ChatGPT 生成的开头如下。

A 您坐在咖啡馆靠窗的角落，窗外轻柔的雨滴敲打着玻璃，伴随着远处的雷声，仿佛在奏响一首充满希望的乐曲。您端起一杯热气腾腾的咖啡，抬头凝视着窗外，心中涌起对新的一年的期待和渴望。然而，在过去的岁月中，您或许曾经多次有过类似的感觉，却发现自己在年底时对未来的期望慢慢消散。您意识到，没有一个明确的计划，就像是在茫茫大海中漂流，没有目标、没有方向。那么，为什么不让这一次与往常不同呢？为什么不制订一个个人年度计划，为自己设定明确的目标和路线图，以实现内心渴望的成长和成功呢？让我们一起探讨如何制订一个个人年度计划，让它成为您迈向充实而有意义的一年的起点。

对比第一个版本的开头，这个版本，是不是更有吸引力了呢？

我们还可以参考别人的文章开头，将它吸引人的地方转换成明确的要求，发给 ChatGPT，让 ChatGPT 依照指示行事。

下面的提示要求 ChatGPT 在开头引用名人名言。

P 按照以下指示写一个开头：文章的主题是"制订个人年度计划"；文章读者是一般大众，没有制订个人年度计划的经验；使用亲切的风格；开头要引用名人名言。

ChatGPT 收到提示后，写出了下面的开头。

A "成功不是偶然的，而是规划的结果。"这是美国企业家吉姆·罗恩曾经说过的一句名言。当新的一年开始，我们常常陷入对未来的期望之中，渴望有更加充实和成功的一年。然而，这种渴望往往在短时间内消散，因为我们没有一个明确的计划来指导我们的行动。或许您也曾经历过这样的情况，想要追逐梦想，但不知道从何开始。别担心，您不是一个人。事实上，很多人都没有制订过个人年度计划。但是，今天就让我们一起开始这段旅程吧！让我们探讨如何制订一个个人年度计划，为自己的未来设定明确的目标和规划，成为那个能够追逐梦想、实现成功的人。

如你所见，ChatGPT找到了适合文章主题的名言，并顺着名言的语义，过渡到了个人年度计划上。

我还测试了一个让ChatGPT在开头引用电影的提示。

P 按照以下指示写一个开头：文章的主题是"制订个人年度计划"；文章读者是一般大众，没有制订个人年度计划的经验；使用亲切的风格；开头引用经典电影。

ChatGPT给出的结果如下。

A "如果你自己都放弃自己了，还有谁会救你？"这是一句出自经典电影《肖申克的救赎》的台词，它提醒着我们：我们可以主宰自己的命运。随着新的一年的来临，我们每个人都有机会为自己编写一部与众不同的剧本。然而，对于许多人来说，制订个人年度计划可能是一个陌生的领域。也许您对于如何制订个人年度计划还感到困惑。但别担心，您并不孤单。在这篇文章中，我将与您分享一些简单而实用的方法，帮助您制订一个个人年度计划，为自己的未来铺就一条充满希望的道路。让我们一起成为自己人生的导演，为自己的故事创造一个精彩的结局吧！

怎么样，ChatGPT完成得不错吧？它居然用《肖申克的救赎》这部电影中的台词来创作开头！我在写提示时，可是完全没想到。

在让ChatGPT写作文章开头时，你可以尽情提出各种各样的要求，你的要求越具体、越清晰，ChatGPT越能写出高质量的开头。

不过，要想给出清晰、准确的要求，需要下功夫学习常见的文章开头写法。在第5章，我们会介绍这方面的知识。

3.20 写结尾

与写文章开头类似,你可能也经常为文章结尾怎么写而头疼。此时,你可以提供文章主题或者完整的文章给 ChatGPT,让它为你写结尾。

下面的提示模板可以让 ChatGPT 基于文章信息描述为你写结尾。

> 按照以下指示写一个结尾:[具体指示]

其中,"[具体指示]"可以替换为各种与结尾有关的信息和要求,如文章主要观点、核心要点、结论、语言风格、长度要求、效果、写作技巧等。

还是以写个人年度计划的文章为例,一个可能的提示如下。

P 按照以下指示写一个结尾:文章的主题是"制订个人年度计划";文章读者是一般大众,没有制订个人年度计划的经验;读者看完文章结尾会大受鼓舞,想立刻开始制订个人年度计划。

ChatGPT 针对上面的提示,写出了下面的结尾。

A 当我们站在新的一年的起点时,制订一个个人年度计划是一项令人兴奋和具有挑战性的任务。通过为自己设定明确的目标和制订可行的计划,我们能够以有意义和有目标的方式迎接未来的挑战。在本文中,我们探讨了一些实用的方法和策略,旨在帮助您制订一个合理的个人年度计划。但是,请记住,制订计划只是开始,实施计划才是取得成功的关键。无论您的目标是什么,无论困难是否出现,都要保持坚定的决心和积极的行动。让我们相信自己的能力,相信新的一年充满机遇和成长的可能。立即行动起来吧!把您的梦想转化为现实,让制订个人年度计划成为迈向充实而成功的一年的第一步。祝愿您在新的一年实现自己的目标,开创出令人难忘的人生篇章!

这个结尾用了各种带有积极情感的词语来呼吁读者行动,能让人备受鼓舞。

在结尾时引用电影、电视剧等文艺作品中的信息,可以迅速引起读者的共鸣,促使读者行动。

下面这个提示,让 ChatGPT 在生成结尾时引用电影。

P 按照以下指示写一个结尾：文章的主题是"制订个人年度计划"；文章读者是一般大众，没有制订个人年度计划的经验；文章结尾引用一部经典电影，以触动读者，让读者产生行动的欲望。

ChatGPT 生成的结尾如下。

A 在电影《星际穿越》中，主人公库珀面临着无边的宇宙和未知的挑战，但他始终怀揣着坚定的信念，勇敢地追逐自己的目标。就像库珀一样，我们每个人都有无限的潜力和可能。通过制订个人年度计划，我们可以在这个广阔的世界中找到属于自己的道路，迈向更加充实和成功的一年。现在，是时候拿出内心的勇气和决心，跨越自己的边界，超越自己的期望了。无论您的目标是什么，无论困难是否降临，都要相信自己的力量，勇往直前。正如电影中一位智者所说："记住，你在这里的使命，无论是什么，都要好好完成。"让我们带着这份决心，立即开始制订个人年度计划，为自己创造一段令人激动的人生旅程吧！时刻记住，您的故事值得被书写，您的梦想值得被实现。祝愿您在新的一年取得令人瞩目的成就，追逐属于自己的星辰大海！

这个结尾有点长了，我们也可以要求 ChatGPT 将结尾控制在几句话内。下面是一个示例。

P 按照以下指示写一个结尾：文章的主题是"制订个人年度计划"；文章读者是一般大众，没有制订个人年度计划的经验；文章结尾引用一部经典电影，以促进读者行动；请确保结尾长度为 3~5 句话。

ChatGPT 生成的结尾如下。

A 电影《遗愿清单》中的主人公利用清单计划在有限的日子里创造了丰盛的体验，我们也可以通过制订个人年度计划，来最大化利用每一年的时间，来创造尽可能多的成果。每个新的一年都是一个崭新的开始，一个充满无限可能的起点，现在是时候展望未来，制订您的年度计划了！请大胆迈出第一步，行动起来，让个人年度计划引领您去创造奇迹！

上一版结尾共 300 多字，这一版结尾不到 200 字，的确短了不少。

如果你已经写完一篇文章，但总觉得自己写的结尾不好，也可以把整篇文章发给 ChatGPT，让它基于完整的内容写一个结尾。

一个简单的提示模板如下。

> 请为以下文章生成一个[对结尾效果的描述]的结尾。
> [文章内容]

其中，"[文章内容]"要替换为你想让 ChatGPT 写结尾的文章的真实内容。

我的公众号"安晓辉生涯"发布过一篇文章——《年过三十，事业上还没起色，也没有找到自己的发展方向，该怎么办？》，其结尾简短，不出彩。我们以它（去掉了原来的结尾）为例，让 ChatGPT 生成一个结尾。提示如下。

P 请为以下文章生成一个治愈读者的结尾。

有位小伙伴跟我说，自己已经 30 岁了，一直在小公司做基层工作，工作技术含量也不高，一线城市工资只有一万多元，看着同学们都过得不错，心里很焦虑，不知道怎么破局。

其实，这位小伙伴和大多数人一样，处在正常发展的模式中，但他希望进入"开挂"模式，成为领先的少数人。

现实是，大部分普通人都处在正常模式，而非"开挂"模式。

另一个现实是，很多处在正常模式的人都想"开挂"，成为领先的少数人。

那么，已经处在正常模式的人还有没有可能进入"开挂"模式呢？

斯蒂芬·加里·沃兹尼亚克参加工作后，在一家公司做计算机工程师，他热爱晶体管和制作个人计算机，没事就做一些有趣的小玩意儿。和乔布斯熟悉后，沃兹尼亚克通过打砖块游戏及家酿计算机俱乐部的活动，展示了自己在软件和硬件设计上的才华。乔布斯因此发现了沃兹尼亚克的巨大价值，竭尽全力说服沃兹尼亚克一起创业，他们一起开发了 Apple Ⅰ，后来成立了苹果公司。

这段乔布斯和沃兹尼亚克的佳话，体现了个人脱颖而出的核心原则：让自己有价值，让别人需要你，这样你才有机会摆脱正常模式，进入"开挂"模式。

那怎样让自己有价值呢？通常有 4 种策略。

（1）拥有专长，能解决高难度的专业问题。

（2）成为拥有多种技能的人。

（3）扩大社交网络，拥有广泛的人际关系。

（4）选对领导，成为坚定的追随者。

下面我们逐一展开。

（1）拥有专长，能解决高难度的专业问题

当你拥有专长，能解决高难度的专业问题时，你就有了标签，就会被更多人看见，从而拥有更多机会，获得更好的发展。

这是大多数专业技术人才所走的路，也是我曾经走过的路。

我大学毕业后做的第一份工作是售后技术支持，做了两年多后转行做软件开发工作。此后一直在中小公司工作，和绝大多数人一样处于正常模式。

不同的是，从 2008 年开始，我一直在做 Qt 相关的软件开发工作，持续做了 5 年多，身边的人遇到 Qt 相关的问题都会第一时间来找我。我在网上发布 Qt 方向的技术博客，也有许多人留言问我问题。

2013 年底，已经 33 岁的我，终于迎来了个人职业生涯的第一次重大转机——电子工业出版社的编辑高洪霞老师邀请我写作 Qt 方向的图书。

出版《Qt on Android 核心编程》和《Qt Quick 核心编程》这两本书后，我在当时的 Qt 圈子里已小有名气，陆陆续续有一些研究所邀请我为他们的员工做 Qt 培训。同时，不少公司向我抛来橄榄枝，我很快找到了薪水翻番的新工作。

年过 30 并不晚，只要你能在一个领域深耕几年，达到较高的专业水平，就有可能出头。

（2）成为拥有多种技能的人

这是与成为专才相对的一种策略，也有很多人采用。

1965 年，任天堂雇用了一位电子工程师，他叫横井军平。

作为电子工程师，横井军平没去大公司，不是因为他不想，而是因为专业成绩一般，被大公司拒之门外了。

横井军平不是一般意义上的专才，相反，他长期保持着许多爱好，如弹钢琴、跳交谊舞、参加合唱团、潜水、玩火车模型、改装汽车……

加入任天堂后的前几个月，横井军平因为无事可做，用公司的各种闲置设备做出了一个伸缩臂,在公司里玩儿。社长发现此事后,请他将伸缩臂完善成真正的游戏玩具。横井军平由此设计了名为"超级怪手"的玩具,"超级怪手"卖出了120万套,任天堂借此还清了大笔债务。横井军平也因此受命,建立任天堂的第一个游戏研发部门。

后来我们熟悉的 Game Boy 游戏机,就是由横井军平主持研发的。直到今天,横井军平对任天堂的影响还一直存在。

兼具多种技能的人往往有非常强的跨界能力,能让看似不相关的东西产生关联。这是他们独特的竞争力。

(3)扩大社交网络,拥有广泛的人际关系

电视剧《安家》中的徐文昌,在十几年的卖房生涯中结交了不少从事各种职业的朋友。

当房似锦需要找老洋房时,徐文昌带她找到了有40年工作经验的老邮递员,无论什么样式的房屋,老邮递员都知道。

当两户人家因为练琴和艾灸而闹矛盾的时候,徐文昌把需要练琴的孩子送到同学的琴行,还把自己熟识的老中医介绍给另一户人家,平息了矛盾。

在向公馆事件中,因为林茂根和向家使坏,老管家无处申诉。徐文昌找到了已成为知名大律师的老同学,不仅得到了授权书的线索,这位律师还能帮管家打官司。

成为徐文昌这样的拥有广泛人际关系的人,你会变成社交网络中的"联络员"——能创造机会,也拥有机会;能成就别人,也能成就自己。

(4)选对领导,成为坚定的追随者

每个领导都需要靠谱的下属。

选对领导,成为坚定的追随者,竭尽全力帮他搞定他需要完成的各种事情,让他感受到你的价值,等他升职或另谋高就时,极有可能带你"飞"。

这就是我们常说的——跟对人!

这种策略太常见了,你稍微留意一下,就能发现。

ChatGPT 收到提示后,生成了下面的结尾。

A　无论你已经处在正常模式多年,还是刚刚开始你的职业生涯,都有可能进入"开挂"模式。关键是要让自己有价值,让别人需要你。你可以通过拥有专长、成为拥有多种技能的人、扩大社交网络,或者成为坚定的追随者来实现这一点。不要放弃希望,重要的是要持续努力,并且保持积极的心态。无论你的目标是什么,只要你相信自己,并且愿意为之努力,你就一定能够实现它。

我原来的结尾是这样的。

以上4种策略,就是身处正常模式的我们想要脱颖而出时可以"复刻"的。希望我们每个人都可以参考它们,找到自己独特的价值点,满足别人的需要,进入"开挂"模式。

你可以比较一下这两个结尾,看看你喜欢哪一个。

如果你想在写结尾时给 ChatGPT 提更多要求,可以使用下面的提示模板。

> [文章内容]
> 阅读以上文章,按照以下指示编写一个结尾:[具体指示]

下面是一个示例(仍然使用刚才的文章,但此处不再展示具体内容)。

P　[文章内容]
阅读以上文章,按照以下指示编写一个结尾:引用名人名言,确保结尾长度为3~5句话。

ChatGPT 根据上面的提示,生成了新的结尾。

A　正如尼尔·德格拉斯·泰森所说:"在知识的海洋中,最重要的是激起好奇心。"当我们因职业发展停滞而焦虑和迷茫时,我们需要以好奇心为动力,持续学习和成长。无论我们处于哪种模式,只要我们保持积极的心态和持续地努力,就有机会进入"开挂"模式,成为领先的少数人。文章中提到的不同策略,拥有专长、多技能、广泛的人际关系和选对领导,都是我们可以选择的。所以,让我们怀揣好奇心,勇敢面对挑战,追求个人的价值和梦想,相信自己的能力,行动起来,开启属于自己的"开挂"模式吧!

如你所见，新的结尾引用了尼尔·德格拉斯·泰森说过的话，一共5个句子，符合提示中给出的补充要求。

想要指导 ChatGPT 写出令人满意的结尾，我们也要了解典型的结尾写作方式。这部分内容，在第 5 章会展开介绍。

3.21 分析文章列大纲

有时候你可能需要分析别人的文章，学习其文章结构。此时，让 ChatGPT 帮忙列一份大纲，能为你节省不少时间。

下面的提示模板，能让 ChatGPT 为现有文章列大纲。

> 阅读下面的文章，列出大纲。
> [文章内容]

注意，"[文章内容]"是你想分析的文章的所有内容。

以上一节提到的文章——《年过三十，事业上还没起色，也没有找到自己的发展方向，该怎么办？》——为例，发送下面的提示给 ChatGPT。

P 阅读下面的文章，列出大纲。
[文章内容]

它的回答如下。

A 文章大意如下。很多人都想脱颖而出，进入"开挂"模式，成为领先的少数人。但实际上，大多数人都处在正常模式。如何进入"开挂"模式呢？文章给出了 4 种策略：拥有专长、成为拥有多种技能的人、扩大社交网络、选对领导。

大纲如下：

I. 很多人都想进入"开挂"模式

A. 但大多数人都处在正常模式

B. 如何进入"开挂模式"

Ⅱ. 4 种策略

A. 拥有专长，能解决高难度的专业问题

B. 成为拥有多种技能的人

C. 扩大社交网络，拥有广泛的人际关系

D. 选对领导，成为坚定的追随者

ChatGPT 首先概括了文章大意，然后列出文章的大纲。其中，文章导入部分的第二个小标题——如何进入"开挂"模式不太准确，其他部分都还不错。

你在运用 ChatGPT 分析现有文章结构时，可能会遇到输出不理想的情况，让 ChatGPT 重新生成一次，可能就会好一些。

另外，如果你只是想让 ChatGPT 列出要点，可以使用下面的提示模板。

> 阅读下面的文章，分析要点，输出列表。
> [文章内容]

我按上面的模板构造了提示，把刚才的文章提交给 ChatGPT，它的回答如下。

A 文章要点如下。

- 大部分人都处于正常模式，而非"开挂"模式。
- 对于普通人，要成为领先的少数人，就要做对每一个关键选择。
- 每做错一个关键选择，进入"开挂"模式的概率就小几分；错上两三个，基本与"开挂"模式无缘，大概率走入正常模式。
- 要想进入"开挂"模式，就需要让自己有价值，让别人需要你。
- 通常有 4 种策略：拥有专长、成为拥有多种技能的人、扩大社交网络、选对领导。

我仔细看了上面的要点，发现相比原文，ChatGPT 列出的要点遗漏了部分内容。你在运用 ChatGPT 分析文章时，也可能会遇到类似的情况，届时你可以让它重新生成一遍，也许会好一些。

3.22 为文章提供反馈

不经常写作的人,可能分辨不出自己所写内容在细微层面的好坏,此时可以让 ChatGPT 充当写作导师提供反馈。

提示模板如下。

> 你是写作导师,可以分析别人的文章,在写作技巧、修辞、逻辑等方面提供改进建议,帮助别人提升写作水平。请阅读下面的文章,给出你的反馈和建议。
>
> [文章内容]

模板的第一个部分先为 ChatGPT 指定了写作导师的角色,描述了它的行为特征,然后给出了任务。其中,指定角色的部分,你可以根据需要进行调整。

模板的第二部分——[文章内容],实际使用时要替换为待分析的文章。

以下面这篇短文为例看一下效果。注意,第一段是提示。

P 你是写作导师,可以分析别人的文章,在写作技巧、修辞、逻辑等方面提供改进建议,帮助别人提升写作水平。请阅读下面的文章,给出你的反馈和建议。

"我工作很努力,为什么升职加薪却没我的份儿?"这是知乎上热度很高的一个话题。我在做职业咨询的过程中,也经常收到类似的询问。在解答这类询问的过程中,我总结出 3 点经验,下面分享给你。

1.努力很重要,但要更重视结果

我有个朋友叫 K,他加班一个月开发出一个小工具,让他们整个测试团队的产能提高了 3 倍。

别人加班只是多测了几百个用例,他加班却让团队产能提高了 3 倍,成果显著,远远超出领导预期。

K 入职不到一年就升了职,级别和薪水比团队里有些工作了 5 年的同事还要高。

努力固然是在职场上获得成功的重要因素,但要以结果为导向。如何让结果出色,是你努力的方向。

2. 努力要聚焦于主航道，才可能拿到好结果

努力要有成效，必须聚焦于主要工作方向。

方向跑偏了，很可能越努力越窘迫。

我在咨询过程中就遇到过不少"努力方向跑偏了"的情况：努力学习各种技能、考各种证书，但这些技能和证书与个人的工作目标没什么关系。

这样的努力，没有聚焦于主要工作方向，非但不能促进职业发展，反倒可能使工作表现不佳。

3. 努力的成果要超过同事，才能赢得晋升机会

想要晋升，不仅要努力，努力的成果还要足够显著，超过身边的同事。

道理很简单，升职加薪都有名额限制，通常是团队里成绩显著的人才有机会。如果希望领导把这个机会给你，你努力的成果就要比其他同事更显著。

努力是一项很优秀的品质，但单纯的努力只能给领导留下一个好印象。明确目标和方向，并将努力转化为成果，才能为你赢取升职加薪的机会。

把上面的内容发送给 ChatGPT 后，它的回答如下。

A 这篇文章对于如何在职场中通过努力实现升职加薪提供了一些有价值的经验和建议。以下是我的一些反馈和建议。

结构可以更清晰明了。文章应该在开头或结尾明确点明"如何在职场中通过努力实现升职加薪"的主题，然后在主体部分分别阐述 3 点经验。这样读者就可以更好地理解文章的重点，并且更容易记住这些经验。

举例子的方式很好，但可以更具体。例如，对于第 1 点经验，可以提供更具体的数据和案例，以说明结果对于升职加薪的重要性。同样，对于第 3 点经验，可以提供更具体的例子或情境，以更好地说明"赢得晋升机会"的方法。对于第 2 点经验，可以提供更多的具体建议。例如，可以阐述如何确定自己的主要工作方向，如何建立个人的职业目标，以及如何将自己的学习和发展计划与这些目标紧密联系起来。

需要给出更多的实践建议。除了理论方面的经验，读者还需要实践建议，以便更好地将这些经验转化为实践中的行动。因此，文章可以在每点经验后面提供一些行动步骤或实践建议,以帮助读者更好地应用这些经验。

总的来说,这篇文章提供了一些有用的经验和建议,但还有改进的余地。通过更好地组织结构、提供更具体的例子、给出更多的实践建议等方法,文章会更易于理解和实践。

我觉得 ChatGPT 给出的 3 点建议,的确可以帮助我们提升上述短文的质量。

3.23 审校文章

前文提到,你可以给 ChatGPT 指定一个角色,让它按角色生成内容。实际上,你还可以让 ChatGPT 担任编辑,审校你的文章。

就写文章而言,ChatGPT 不仅能帮你更正错别字、纠正语法错误、处理不规范用语,还能帮你转换语言风格。

(1)更正错别字

要让 ChatGPT 帮你更正错别字,可以参考下面的提示模板编写提示。

> 请扮演出版社的编辑人员,识别和更正以下文章中的错别字。请务必对您的更正提供清晰的解释。
>
> [文章内容]

其中,"[文章内容]"要替换为待纠错的文章。

我将上述模板和文字组合起来,这段文字包含多处错字、错词,构造了如下提示。

P 请扮演出版社的编辑人员,识别和更正以下文章中的错别字。请务必对您的更正提供清晰的解释。

假期将至,早就订好的民俗却突然要求游客退订。"五一"假期前夕,遭遇民宿"毁约"的游客不少,民俗坐地起价,理由更是千奇百怪,如装修、倒逼、老板换人。游客预订民俗,图的是玩得开心,孰料还没出去玩,先被无量民俗

"玩"了。

将上面的内容发送给ChatGPT，请它更正错别字。它的回答如下。

A 以下是您提供的文章的更正版本。

假期将至，早就订好的民宿却突然要求游客退订。"五一"假期前夕，遭遇民宿"毁约"的游客不少，民宿坐地起价，理由更是千奇百怪，如装修、倒闭、老板换人。游客预订民宿，图的是玩得开心，孰料还没出去玩，先被无良民宿"玩"了。

更正解释如下。

1. "民俗"应该改为"民宿"：这是一个用词不当的错误。正确的词语应该是"民宿"，因为"民俗"是指一定地区、一定民族或一定群体具有特定历史和文化背景的风俗习惯。

2. "倒逼"应该改为"倒闭"：这是一个用词不当的错误。正确的词语是"倒闭"，表示企业或商户因负债过多或经营不善而关闭。

3. "无量民俗"应该改为"无良民宿"：这是一个错别字的错误。正确的词语是"无良民宿"，表示这些民宿没有诚信，不负责任。

可以看到，ChatGPT找出了所有错别字。

（2）纠正语法错误

有一段文字包含多处语法错误。

为了请ChatGPT修改语法错误，我编写了下面的提示。

P 你是出版社的编辑，精通语法知识。请识别和更正以下文章中的语法错误。请务必为您的更正提供清晰的解释。

你想要负责有挑战的重要任务，是很好的想法。但你也应该清楚，你的业务水平还不够高，你难以搞定那么复杂的事情。不过你也不必急躁，不要因为这次没能承担重要工作，就一下子转化为灰心丧气。你可以做好基础工作先，等能力和业务水平提高了，自然会安排重要的事情给你。

收到提示后，ChatGPT的回答如下。

A 以下是文章中的语法错误和更正情况

1."你想要负责有挑战的重要任务，是很好的想法。"

更正：你想要负责具有挑战性的重要任务是一个很好的想法。

解释：在这句话中，"有挑战"被用作一个形容词短语来修饰后面的名词"任务"，偏口语，后面"是很好的想法"偏书面用语，前后不协调，所以将"有挑战的"改为"具有挑战性的"

2."但你也应该清楚，你的业务水平还不够高，你难以搞定那么复杂的事情。"

更正：但你也应该清楚，你的业务水平还不够高，你难以处理那么复杂的事情。

解释："搞定"是一种口语化的表达方式，这里应该用更正式的"处理"或"解决"。

3."不过你也不必急躁，不要因为这次没能承担重要工作，就一下子转化为灰心丧气。"

更正：不过你也不必急躁，不要因为这次没能承担重要工作就一下子变得灰心丧气。

解释："转化为"是一种不正确的表达方式，正确的表达方式是"变得"；此外，应该删掉"就"之前的"，"，以使句子更加通顺。

4."你可以做好基础工作先，等能力和业务水平提高了，自然会安排重要的事情给你。"

更正：你可以先做好基础工作，等你的能力和业务水平提高了，自然会安排重要的事情给你。

解释：这句话需要重新排列顺序以提高其表意清晰度，应该先表明要先做好基础工作，然后才是能力和业务水平的提高及随之而来的安排重要工作。

可以看到，ChatGPT指出了多处语法错误，并给出了解释。

如果你想要更好的效果，可以在指定角色时，提供更多知识背景和特征说明。

（3）处理不规范用语

纸媒对文章中的用词有较高要求，有些来自方言的词、谐音词及网络用语不宜使用。但我们因为常年浸泡在网络环境中，所以很容易在写作时使用这些词语。

为了给编辑交付更高质量的稿件，可以先用 ChatGPT 处理一遍。

具体做法是这样的：

- 提供不规范词语列表给 ChatGPT；
- 给出指示，请 ChatGPT 标注文章中的不规范用语；
- 提供文章内容。

我写了一个存在多处不规范用语的段落，请 ChatGPT 标注其中的不规范用语，提示如下。

P 你是出版社的编辑，熟知出版规范。请记住"hold住、奥特曼、酱紫、图样、砖家、捉急、肿么了、走召弓虽、神马"这些词在很多场景下是不规范用语。阅读以下文章，寻找不规范用语，但不用直接修改，用"{}"标记即可。输出做过标记的文章。

今天参加行业峰会时，台上有个砖家胡言乱语，实在让人捉急，我差点就离席走人了，还好，我 hold 住了，不然回来该挨领导批评了。

ChatGPT 收到以上提示后，返回了图 3-9 所示的结果。

今天参加行业峰会时，台上有个{砖家}胡言乱语，实在让人{捉急}，我差点就离席走人了，还好，我{hold住}了，不然回来该挨领导批评了。

图 3-9　ChatGPT 标记不规范用语示例

从图 3-9 可以看到，ChatGPT 成功找到并标记了示例文本中的不规范用语。

ChatGPT 可以做的不止于此，它还能给出替换词。提示如下。

P 你是出版社的编辑，熟知出版规范。请记住"hold住、奥特曼、酱紫、图样、砖家、捉急、肿么了、走召弓虽、神马"这些词在很多场景下是不规范用语。阅读以下文章，寻找不规范用语，用"{}"标记出来，用"[]"插入建议的替换词。输出做过标记的文章。

今天参加行业峰会时，台上有个砖家胡言乱语，实在让人捉急，我差点就离席走人了，还好，我 hold 住了，不然回来该挨领导批评了。

ChatGPT 返回的结果如图 3-10 所示。

图 3-10　ChatGPT 标记不规范用语并给出建议的替换词示例

我们可以根据 ChatGPT 的修改建议决定怎样替换。

当然，你也可以直接让 ChatGPT 输出修改过的文章。提示如下。

P　你是出版社的编辑，熟知出版规范。请记住"hold 住、奥特曼、酱紫、图样、砖家、捉急、肿么了、走召弓虽、神马"这些词在很多场景下是不规范用语。阅读以下文章，识别并替换不规范用语。输出修改过的文章。

今天参加行业峰会时，台上有个砖家胡言乱语，实在让人捉急，我差点就离席走人了，还好，我 hold 住了，不然回来该挨领导批评了。

ChatGPT 针对上述提示给出了如图 3-11 所示的结果。

图 3-11　ChatGPT 直接替换不规范用语示例

怎么样，效果还不错吧？

你还可以给定替换规则，让 ChatGPT 按你的要求修改文章。下面是我构造的一个提示。

P　你是出版社的编辑，熟知出版规范，非常熟悉网络用语、生造词语等不规范用语。你要识别文章中的不规范用语，按我说的规则修改文章。现在请你学习替换规则，替换规则用"砖家 > 专家"这样的形式表示，">"左侧的词语是不规范用语，">"右侧的词语是推荐的替换词，你要做的是找到">"左侧的词语，将其替换成">"右侧的词语。请记住规则："hold住>控制住，奥特曼>落伍，酱紫>这样子，图样>太年轻，砖家>专家，捉急>着急，肿么了>怎么了，走召弓虽>超强，神马>什么"。请根据这个规则，修改下面的文章，输出修改后的文章。

今天参加行业峰会时，台上有个砖家胡言乱语，实在让人捉急，我差点就离席走人了，还好，我hold住了，不然回来该挨领导批评了。

将上面的提示发送给ChatGPT后，它的回答如图3-12所示。

今天参加行业峰会时，台上有个专家胡言乱语，实在让人着急，我差点就离席走人了，还好，我冷静下来了，不然回来该挨领导批评了。

图3-12 ChatGPT按替换规则修改文章示例

可见，ChatGPT学会了我给它的规则，并按规则修改了文章。

这种做法对短文来讲是可行的。但如果你的文章很长，比如超过1万字，就会遇到两个问题，一个问题是你很难一次性把所有文字发送给ChatGPT，另一个问题是ChatGPT很难一次性把修改后的文章返回给你。

这个时候，可以利用ChatGPT的多轮对话能力，将文章分多次提供给它，让它一次修改一部分。

要实现这种效果，先要构造一个提示，把你的意图告诉ChatGPT。下面是我使用的一个提示。

P 你是出版社的编辑，熟知出版规范，非常熟悉网络用语、生造词语等不规范用语。你要识别文章中的不规范用语，按我说的规则修改文章。现在请你学习替换规则，替换规则用"砖家>专家"这样的形式表示，">"左侧的词语是不规范用语，">"右侧的词语是推荐的替换词，你要做的是找到">"左侧的词语，将其替换成">"右侧的词语。请记住规则："hold住>控制住，奥特曼>落伍，酱紫>这样子，图样>太年轻，砖家>专家，捉急>着急，肿么了>怎么了，走召弓虽>超强，神马>什么"。接下来你要根据这个规则，修改我提供给你的文章，输出修改后的文章。我会分多次提供多篇文章，每次你都要按同样的规则修改文章。现在，什么都不要做，请等待我输入文章。

发送上述提示给ChatGPT后，它的回答如图3-13所示。

> 你是出版社的编辑，熟知出版规范，非常熟悉网络用语、生造词语等不规范用语。你要识别文章中的不规范用语，按我说的规则修改文章。现在请你学习替换规则，替换规则用"砖家>专家"这样的形式表示，">"左侧的词语是不规范用语，">"右侧的词语是推荐的替换词，你要做的是找到">"左侧的词语，将其替换成">"右侧的词语。请记住规则："hold住>控制住，奥特曼>落伍，酱紫>这样子，图样>太年轻，砖家>专家，捉急>着急，肿么了>怎么了，走召弓虽>超强，神马>什么"。接下来你要根据这个规则，修改我提供给你的文章，输出修改后的文章。我会分多次提供多篇文章，每次你都要按同样的规则修改文章。现在，什么都不要做，请等待我输入文章。

> 好的，我已经理解了你的替换规则，我会依据你所给出的"砖家>专家"等类似的规则，来对文章进行修改。我现在就在等待你提供需要修改的文章。

图3-13 分多次修改文章的提示及ChatGPT的回答

可见，ChatGPT理解了我的要求。然后我就分3次，给它提供了下面3段文字，让它修改。

P 今天参加行业峰会时，台上有个砖家胡言乱语，实在让人捉急，我差点就离席走人了，还好，我克服了冲动，不然回来该挨领导批评了。

今天张丰接到邀请，为一家武术研究所提供太极拳培训。张丰真是厉害，绝对称得上走召弓虽的武术砖家！酱紫的人，多来一些，就太好了！

昨晚我做了一个梦，梦里我和一群砖家论战得口干舌燥，但找不到水喝，捉急死我了。还好，我运用意志力强行忍住嗓子不适，打败了这群砖家！我，张忌，走召弓虽！

ChatGPT给出的结果如图3-14所示。

> AN 今天参加行业峰会时，台上有个砖家胡言乱语，实在让人捉急，我差点就离席走人了，还好，我克服了冲动，不然回来该挨领导批评了。

> 今天参加行业峰会时，台上有个专家胡言乱语，实在让人着急，我差点就离席走人了，还好，我克服了冲动，不然回来该挨领导批评了。

> AN 今天张丰接到邀请，为一家武术研究所提供太极拳培训。张丰真是厉害，绝对称得上走召弓虽的武术砖家！酱紫的人，多来一些，就太好了！

> 今天张丰接到邀请，为一家武术研究所提供太极拳培训。张丰真是厉害，绝对称得上超强的武术专家！这样子的人，多来一些，就太好了！

> AN 昨晚我做了一个梦，梦里我和一群砖家论战得口干舌燥，但找不到水喝，捉急死我了。还好，我运用意志力强行忍住嗓子不适，打败了这群砖家！我，张忌，走召弓虽！

> 昨晚我做了一个梦，梦里我和一群专家论战得口干舌燥，但找不到水喝，着急死我了。还好，我运用意志力强行忍住嗓子不适，打败了这群专家！我，张忌，超强！

图 3-14　ChatGPT 分多次修改文章示例

由图 3-14 可以看出，ChatGPT 完美地完成了任务！

（4）转换语言风格

我们经常在互联网环境中浸泡着，写作时容易使用网络用语，从而导致文字呈现口语化特征。这样写出来的文章想要在纸媒上发表，就很困难，往往需要经过痛苦的"语言风格"转换。

ChatGPT 可以将我们从这种痛苦中解放出来——只要我们让 ChatGPT 扮演编辑，自动使文字转换一下语言风格，就可以了。

下面是一段口语化特征很明显的文字。

裸辞这概念，放在前些年说，更像是人面对工作的一个态度，这态度里还夹着这么点玩世不恭。本来嘛，前些年路好走，但凡你肯低头，总能从职场捡起来块儿八毛，存起来留着当房子首付使。所以当时肯裸辞，或者说敢裸辞的人，总给大众一种"这钱儿我不稀罕了"的玩世浪子调性。但这词儿搁在今天，味儿就不太一样了。它更像是一种权利，而且几乎是年轻人专属的权利。毕竟拉家带口的中年人，你借他个胆子，他也没有裸辞的勇气了。而对于一部分年轻人，无债一身轻，还是可以考虑裸辞，去追追梦想里的生活的。

下面是我为了请 ChatGPT 帮忙修改文字而编写的提示。

P 你是出版社的编辑，可以帮助作者改善文章的口语化问题。请阅读以下文章，识别其中口语化特征明显的句子，将它们改写成书面用语。请直接提供修改后的文章。

[这里是上面那段口语化特征很明显的文字]

ChatGPT 收到提示后，给出的结果如下。

A 裸辞这个概念放在前些年来说，更像是一种对待工作的态度，带着一点不屑一顾的情绪。那时候，工作机会多，赚钱容易，只要你肯低头，总能在职场中拾得金钵，攒钱买房子。因此，当时能够裸辞或者敢裸辞的人，总给人一种"这点钱我不在乎"的潇洒态度。但是，如今这个词的味道已经变了。它更像是一种权利，而且几乎是年轻人的专属权利。毕竟对于中年人来说，要养家糊口，即使你给他胆子，他也未必有勇气裸辞。而对于一些年轻人来说，他们没有债务负担，可以考虑裸辞，去追求自己梦想中的生活。

从以上结果可以看出，ChatGPT 修改后的文章，几乎没什么口语化特征了。

好了，到这里为止，我们介绍了多种让 ChatGPT 完成写作任务的提示。掌握这些提示，你就能应对大部分的写作情景。同时，你还可以有机组合各种提示，以满足复杂的写作需求。

强烈推荐你结合自己的写作定位，多多地尝试，并保留你使用过的有效的提示，这样有助于形成自己的提示库，方便后续的写作。

第 4 章　ChatGPT 写作实践

第 3 章介绍了多种 ChatGPT 写作提示，以及怎样运用 ChatGPT 完成单一的写作任务。本章我们来看看怎样组合运用第 3 章的写作提示，让 ChatGPT 写出完整的文章。具体来讲，这一章要介绍 3 种模式：全包式 ChatGPT 写作、半包式 ChatGPT 写作和零工式 ChatGPT 写作。

4.1　全包式 ChatGPT 写作：你只管提问，ChatGPT 搞定所有事

当你想到一个关键词，觉得可以围绕它来写一篇文章，但又没有具体想法时，可以采用全包式 ChatGPT 写作模式：从关键词开始，根据文章写作流程，逐步构造有效提示，指导 ChatGPT 一步一步完成创作。

接下来我们以写作一篇与跑步相关的文章为例，演示一下如何让 ChatGPT 用 5 步写出文章。

（1）指定角色，让 ChatGPT 化身为专家

当你给 ChatGPT 指定一个角色后，它能从你设定的专业背景出发，生成较专业、详细的内容。全包式 ChatGPT 写作的第一步，就是指定角色。

我构造了下面的提示，为 ChatGPT 指定角色。

P　你是一名跑步教练，在跑步方面积累了系统全面的专业知识，有丰富的跑步经验，同时你知道怎样帮助他人从零开始养成跑步习惯，已经帮助 100 位学员成功养成跑步习惯。你将针对缺乏锻炼的职场人写一篇关于跑步的文章。这篇文章会在健康方面给读者带来帮助。不要马上开始写文章。请等待我的指示。

ChatGPT 的回答如下。

A 好的,我准备好了。请告诉我您需要文章包含哪些方面的内容,以及文章的大致结构和长度。

可以看到,ChatGPT 理解了我的要求,已经做好了写文章的准备。

(2)提供关键词,让 ChatGPT 生成选题

接下来,我们要提供关键词给 ChatGPT,让它生成指定数量的选题。

关键词是"跑步",我使用下面的提示让 ChatGPT 提供选题。

P 提供 10 个讨论跑步的选题。

ChatGPT 的回答如下。

A 请参考以下 10 个讨论跑步的选题。

1. 跑步的益处:探讨跑步对身体和心理健康的积极影响。

2. 初学者的跑步指南:为那些想要开始跑步但不知从何处着手的人提供指导。

3. 如何保持跑步动力:分享一些方法和技巧,帮助人们坚持跑步并克服动力不足的问题。

4. 如何预防跑步中的常见伤病:介绍一些常见的跑步伤病,并提供关于预防和康复的建议。

5. 室内跑步与户外跑步:比较室内跑步与户外跑步的优缺点,帮助人们做出选择。

6. 心率训练与跑步:解释心率训练的重要性,并提供有效运用心率训练提升跑步表现的建议。

7. 跑步与减肥:讨论跑步是否可以作为一种有效的减肥方法,并提供一些减肥计划和注意事项。

8. 如何合理安排跑步时间:为职场人士设计合理的跑步计划,使他们更好地平衡工作和锻炼。

9. 跑步装备指南:介绍必备的跑步装备,并分享如何选择和使用这些装备。

10. 跑步与心理健康:探讨跑步对于缓解压力、焦虑和抑郁等心理健康问题

的积极影响。

请告诉我您想选择哪个选题,或者如果您有其他特定要求,也可以告诉我。

如果这些选题中没有令你满意的,还可以让 ChatGPT 重新生成。

(3)让 ChatGPT 就某个选题生成大纲

ChatGPT 有多轮对话能力,能记住之前生成的内容,因此我们可以让它针对某个选题生成大纲。提示模板如下。

请针对第[n]个选题生成大纲

我在试验时,选择了第 2 个选题,提示如下。

P 请针对第 2 个选题生成大纲。

ChatGPT 很快给出了完整的大纲。

A 标题:"初学者的跑步指南:从零开始养成健康的跑步习惯"

大纲:

Ⅰ. 引言

A. 引入跑步的益处和对健康的重要性

B. 引出文章的目的:帮助初学者养成健康的跑步习惯

Ⅱ. 准备阶段

A. 健康检查和咨询医生的重要性

B. 购买合适的跑步装备

C. 设定明确的目标

Ⅲ. 步入跑步世界

A. 步行和跑步的过渡期:如何逐步增加跑步时间和强度

B. 正确的姿势:讲解正确的跑步姿势

C. 控制呼吸:提供呼吸方法

Ⅳ. 制订合理的训练计划

A. 引入跑步与步行的间歇训练法

B. 逐渐增加跑步时间和距离

C. 合理安排休息和恢复时间

Ⅴ. 应对挑战

A. 应对跑步时的身体不适和疲劳

B. 对抗心理障碍和动力不足

C. 寻找伴跑伙伴或加入跑步社群的好处

Ⅵ. 营养和饮水

A. 提供合适的营养支持和补给建议

B. 跑前和跑后的饮水指南

Ⅶ. 预防伤病

A. 热身的重要性

B. 适当增加强度和距离

C. 如何正确处理和预防常见跑步伤病

Ⅷ. 养成健康的跑步习惯

A. 坚持跑步的重要性

B. 跑步记录和目标设定

C. 寻找跑步的乐趣和享受

Ⅸ. 结论

A. 总结养成健康的跑步习惯的关键要点

B. 鼓励初学者坚持下去并享受跑步带来的益处

请注意，这只是一个大纲示例，您可以根据您的需求和喜好进行修改。

可以看到，ChatGPT 生成了由两级目录组成的大纲，一级目录系统、全面，二级目录详细、具体，这看起来是一份不错的初学者跑步指南大纲。

（4）让 ChatGPT 根据大纲写文章

有了大纲，就要让 ChatGPT 按照大纲生成内容了。

这个环节，有几种典型的做法，我们逐一介绍。

第一种做法：使用基础指令提示。具体如下。

P | 请根据刚才的大纲生成文章。

ChatGPT 收到提示后，自动根据之前的大纲生成了下面的文章。

A

标题:"初学者的跑步指南:从零开始养成健康的跑步习惯"

引言

在现代职场中,我们经常陷于久坐和缺乏锻炼的困境,而跑步作为一种简单而有效的运动方式,对身体和心理健康都有着显著的益处。本文旨在为初学者提供一份跑步指南,帮助初学者从零开始养成健康的跑步习惯。

准备阶段

在踏上跑步之旅之前,首先要确保您的身体适合跑步。请务必进行健康检查并咨询医生的意见。此外,选择合适的跑步装备对于减少伤害和获得舒适的跑步体验至关重要。同时,请设定明确的目标,这将成为您坚持下去的动力。

步入跑步世界

对于初学者来说,过渡期是步入跑步世界的关键阶段。建议从步行和跑步的结合开始,逐步增加跑步时间和强度。同时,了解正确的跑步姿势对于避免受伤非常重要。保持良好的姿势,放松身体,将重心放在脚掌上,避免过度撞击地面。此外,掌握正确的呼吸方法也能提升您的跑步体验。

制订合理的训练计划

一个合理的训练计划对于初学者的跑步之旅至关重要。其中,跑步与步行的间歇训练法是一个不错的选择:通过交替跑步和步行,逐渐增加跑步的时间和距离,让身体适应新的运动强度。同时,合理安排休息和恢复时间,以避免过度训练引发伤害和疲劳。

应对挑战

在跑步过程中,您可能会遇到身体不适和疲劳的问题,以及心理障碍和动力不足的困扰。解决方法在于您要了解自己的身体发出的信号,学会分辨何时需要休息或调整强度。此外,寻找伴跑伙伴或加入跑步社群可以带来额外的支持和鼓励,使跑步成为一项更加愉快和有趣的活动。

营养和饮水

跑步前和跑步结束后的营养和饮水对于维持身体健康和提升跑步表现同样重要。在跑步前,应确保摄入足够的碳水化合物和蛋白质,以提供持久的能量和支持肌肉恢复。水分补给也至关重要,要确保在跑步前充分饮水。在跑步过程中,要根据自身情况适时补充水分，尤其是在长时间或高强度的跑步活动中。跑步结束后，应及时补充身体所需的营养和水分，促进身体恢复。

预防伤病

在跑步过程中，预防伤病至关重要。热身是跑步前的重要准备工作，可以帮助预防肌肉拉伤和其他伤害。逐渐增加跑步的强度和距离也是非常重要的，可避免突然增加运动量导致的过度训练伤害。如果出现跑步伤病，应及时采取正确的处理和康复措施，可以加速恢复并避免进一步损伤。

养成健康的跑步习惯

要养成健康的跑步习惯，坚持是关键。每周制订固定的跑步计划，并将其纳入日常生活。记录您的跑步进展和目标，这将帮助您保持动力和追踪自己的成长。同时，寻找跑步的乐趣和享受跑步是长期坚持的关键。探索不同的跑步路线，尝试不同的跑步方式，让跑步成为一种愉悦的活动，而不仅仅是一种锻炼方式。

结论

跑步是一项简单而有效的运动，对身体和心理有许多益处。对于初学者来说，养成健康的跑步习惯需要一定的准备、计划和坚持。遵循本指南中的建议，您可以从零开始，逐步养成健康的跑步习惯，并享受跑步带来的种种益处。跑步不仅可以让您身体更健康，还可以让您增强自信、改善心情和应对工作压力。开始您的跑步之旅吧，迎接一种更健康、更积极的生活！

跑步不仅仅是一种锻炼方式，还是一种积极的生活方式。通过跑步，您可以改善自己的健康状况、增强心肺功能、控制体重、提高身体的代谢水平、增强免疫力等。此外，跑步还有助于释放压力、缓解焦虑和抑郁，提升心理健康水平和幸福感。

记住，每个人的跑步之旅都是独特的。不要与他人比较，尊重自己的身体和能力。切勿过度追求速度和距离，而要专注于享受跑步的过程。每一步都是向更健康的自己迈进的一步。

开始您的跑步之旅吧！迈出第一步，坚持下去。在跑步过程中，您将发现您身体的变化和进步，同时也会发现您的内心变得更加坚韧。在多种环境中，跑步都可以成为您调节身心的良方。

希望本文的跑步指南对您有所帮助。无论您是跑步新手还是有些跑步经验的人，都可以从零开始养成健康的跑步习惯。跑步不仅能够改善您的健康状况，还能为您带来更积极、更健康的生活方式。

开始您的跑步之旅吧！让跑步成为您生活的一部分，无论您跑步的速度如何，重要的是坚持下去，并享受这段旅程中的每一步。

祝您跑步愉快，身心健康！

如你所见，使用基础指令提示生成的文章，语言风格是默认的，偏正式；同时，叙述较多，缺乏能帮助读者理解的示例；此外，结论部分特别长，显得十分臃肿。

第二种做法：使用进阶指令提示，给出具体的要求。具体如下。

P 请根据刚才的大纲，按照以下指示生成文章：使用通俗易懂的语言，使用数据增强说服力，使用详细的例子阐述观点和理由。

ChatGPT 收到提示后生成了下面的文章。

A 标题："初学者的跑步指南：从零开始养成健康的跑步习惯"

引言

你是否曾经想要开始跑步，但又不知从何处着手？跑步作为一项简单而又高效的锻炼方式，对身体和心理健康都有着积极的影响。本文将为初学者提供一份跑步指南，帮助初学者从零开始养成健康的跑步习惯。

准备阶段

在踏上跑步旅程之前，有几个准备步骤是必不可少的。首先，你需要进行一次健康检查，并咨询医生的意见。这有助于确保你的身体适合进行跑步活动。其次，选择合适的跑步装备非常重要。合适的跑步装备能减少受伤的风险。最后，设定明确的目标能让你更有动力坚持下去。

步入跑步世界

初学者可以通过逐步增加跑步时间和强度来顺利适应跑步状态。开始时，可以采用步行和跑步交替的方式，比如跑步1分钟，步行1分钟，交替进行。身体逐渐适应后，你可以逐渐增加跑步的时间和距离。记住要保持正确的姿势，保持身体放松而直立。此外，控制呼吸也是跑步中的关键。试着深吸气然后慢慢呼气，保持有规律的呼吸，有助于获得足够的氧气。

制订合理的训练计划

一个合理的训练计划可以帮助你逐步提升跑步能力。间歇训练法是一种非常有效的方法，它能让你在短时间内得到更高强度的锻炼。例如，你可以尝试跑步3分钟，然后步行1分钟，并重复这个过程。随着时间的推移，逐渐增加跑步的时间，减少步行的时间。此外，确保给自己足够的休息和恢复时间，这有助于预防过度训练和伤病的发生。

应对挑战

在跑步过程中，你可能会面临一些挑战，但请不要气馁。首先，如果在跑步过程中感到身体不适或疲劳，要学会识别自己的身体发出的信号。如果需要，适当减少跑步的时间或距离，给身体休息的时间。其次，心理上存在障碍和动力不足可能会影响你的跑步习惯。找到一些激励自己的方式，可以是设定小目标，也可以是寻找伴跑伙伴或加入跑步社群。他们可以在你的跑步旅程中给予你支持和鼓励。

营养和饮水

跑步是一项有氧运动，对身体的能量消耗较大。因此，保持良好的营养和水分摄入非常重要。确保在跑步前补充足够的碳水化合物，这是身体主要的能量来源。同时，注意补充足够的水分，避免脱水的发生。在跑步过程中，可以选择适当地补给能量，以维持体力和延缓疲劳。

预防伤病

跑步时，注意预防常见的伤病是非常重要的。进行热身可以降低受伤的风险。逐渐增加跑步的时间和距离，给予身体足够的适应时间。跑步时，如果身体不适，要及时停下来休息并寻求专业的医疗建议。预防伤病比治疗伤病更为重要，因此要时刻关注自己的身体状况。

养成健康的跑步习惯

坚持跑步是养成健康的跑步习惯的关键。设定明确的目标，制订计划，并将跑步情况记录下来，可以帮助你追踪自己的进展。同时，寻找跑步的乐趣和享受跑步也是坚持跑步的关键。选择沿途风景美丽的跑步路线、听音乐或有趣的音频等，可以让跑步变得更加有趣和令人愉悦。记住，跑步不仅仅是一种锻炼方式，更是一种生活方式和享受健康的途径。

结论

无论你是跑步新手还是曾经尝试过跑步但没有坚持下来的人，从零开始养成健康的跑步习惯是完全可行的。通过准备阶段的健康检查、选择适当的跑步装备和设定明确的目标，你可以顺利进入跑步状态。逐步增加跑步时间和距离，制订合理的训练计划，并应对挑战，你将逐渐体会到跑步带来的益处。同时，要注意营养和饮水的补给，预防常见的跑步伤病，并坚持下去，养成健康的跑步习惯。跑步不仅可以改善身体健康状况，还能提升心理健康水平，带来更多的能量和快乐。开始你的跑步旅程吧，享受运动的乐趣，拥抱健康的生活！

这次的文章在步入跑步世界、制订合理的训练计划这两个部分，给出了数据和例子。同时，结论部分也更为简洁。相比上一版文章，这版文章的内容质量有所提升。

如果想进一步提升文章质量，可以在提示中补充更多要求。但这种提示给出的要求是针对整篇文章的，所以很难很好地适应文章每个模块的特点。

要想精细控制文章每个模块的内容质量，最好使用第三种做法。

第三种做法：为大纲中的每个模块构造提示，让 ChatGPT 逐一生成每个模块的内容。

这种做法对于篇幅较长的文章来讲是最合适的。因为篇幅较长的文章中，不同部分的详略程度和文本特点往往不同，需要适当进行调整。

示例文章大纲一共有 9 个模块，下面我们结合它，演示一下第三种做法。请注意，我根据不同模块的内容特点，编写了针对性的提示。

首先是第 I 部分："引言"。提示如下。

P 按照以下指示展开说说大纲中的第 I 部分：描述场景以引发读者的阅读兴趣。

你可以看到，我特意在提示中让 ChatGPT 描述场景。ChatGPT 收到提示后，生成了如下内容。

A

Ⅰ. 引言

在忙碌的职场生活中，我们经常会感到身心俱疲，缺乏锻炼。然而，跑步作为一种简单而有效的运动方式，不仅可以提升健康水平，还能带来许多其他益处。

想象一下，在一个美丽的清晨，阳光洒在您的脸上，您迈开坚定的步伐，与新鲜的空气相拥，感受着清新的微风。跑步不仅可以提供身体上的锻炼，还能给予您一个独特的机会，帮您逃离日常的繁忙和压力。这是一种让您与自然相融的活动，带给您宁静与平衡的机会。

无论对于身体健康还是心理健康，跑步都能带来巨大的好处。它可以增强心肺功能，增加耐力和力量，改善血液循环，降低患心血管疾病的风险。此外，跑步还能促进大脑产生内啡肽等化学物质，让您感到愉悦和幸福。它还可以帮助您减轻压力和焦虑，提升专注力和思维清晰度。这是一种全面而有效的运动方式，为您提供全方位的健康益处。

无论您是从未接触过跑步的初学者，还是曾经尝试过跑步但没有坚持下来的人，都不必担心，本文将引导您逐步进入跑步世界，并帮助您养成健康的跑步习惯。从准备阶段到制订合理的训练计划，从应对挑战到预防伤病，我们将一步步分享宝贵的建议和技巧。

现在，让我们一起开始这段跑步之旅，为自己带来健康、活力和全新的体验！

对比前面两版文章的引言部分，现在这个版本明显更有吸引力。

我们接着来生成第Ⅱ部分"准备阶段"的内容。我编写了如下提示。

P 按照以下指示展开说说大纲中的第Ⅱ部分：针对每个要点生成一个段落，举例说明不做准备的坏处。

注意，这次的提示与引言部分有明显不同，我加入了对段落数量的要求，还特意告诉 ChatGPT 举反例，用"坏处"引起读者警惕。ChatGPT 根据提示，生成了如下内容。

A Ⅱ. 准备阶段

在开始跑步之前，您需要进行一些必要的准备工作，以确保您能够在跑步过程中获得最大的益处并减少潜在的风险。

首先，进行健康检查并咨询医生是至关重要的。尤其是如果您长时间没有进行任何形式的锻炼或有一些健康问题，与医生进行沟通是确保您身体适合跑步的重要步骤。医生可以评估您的整体健康状况，提供个性化的建议，并帮助您制订安全而有效的跑步计划。

其次，选择合适的跑步装备也是必不可少的。一双舒适合脚的跑步鞋能降低受伤的风险。此外，合适的运动服装和其他辅助装备，如跑步手表、心率监测器等，也能提升您的跑步体验。

最后，设定明确的目标对于初学者来说非常重要。这些目标可以是跑步的距离、持续时间、频率或是参加一场跑步比赛等。明确的目标可以帮助您衡量自己的进展，并让您在遇到挑战时保持动力。

不做充分的准备可能会导致一系列不良后果。举个例子，如果您没有进行健康检查，可能会忽视自己潜在的健康问题，导致过度劳累或受伤。选择不合适的跑步鞋可能会导致足部疼痛、扭伤等问题。而缺乏明确的目标可能会让您难以坚持下去。

因此，准备阶段是确保您能够从跑步中获得最大益处并避免受伤的关键一步。投入时间和精力来做好准备工作将为您打下坚实的基础，确保跑步习惯的顺利养成。记住，仔细的准备工作将为您带来更健康、更愉悦的跑步体验。

对比采用基础指令提示和进阶指令提示生成的内容，可以看到，现在的内容把要准备的每一项内容都展开了，非常细致、具体。

接下来是第Ⅲ部分"步入跑步世界"，提示如下。

P 按照以下指示展开说说大纲中的第Ⅲ部分：为每个要点生成1～3个段落。

这个提示相比第Ⅱ部分对应的提示，去掉了举例子的要求，只是让ChatGPT为每个要点生成1～3个段落。ChatGPT给出的结果如下。

Ⅲ. 步入跑步世界

一旦您完成了准备阶段，就可以开始步入跑步世界了。对于初学者来说，逐步增加跑步时间和距离是非常重要的。以下是一些关键要点，可以帮助您正确迈出跑步的第一步并逐渐提升您的能力。

首先，要理解步行和跑步之间的过渡期。对于没有跑步经验或体能较弱的人来说，直接开始长时间高强度的跑步可能会导致身体过度疲劳或受伤。因此，建议采用步行和跑步的间歇训练法。您可以开始以较慢的速度行走几分钟，然后再慢慢加入跑步。根据自己的感觉和身体状况，逐渐增加跑步的时间，减少行走的时间，直到您能够持续跑步。

其次，正确的姿势对于跑步非常重要。保持正确的姿势能够减少不必要的压力，提高效率和舒适度。保持挺胸、放松肩膀、身体微微前倾等都是正确姿势的要点。此外，确保您的步幅适中，避免步幅过大或过小，以减少对关节的冲击。

最后，控制呼吸也是跑步的关键。正确的呼吸方法可以帮助您获得足够的氧气，延缓肌肉疲劳，并保持舒适的状态。一种常见的呼吸方法是通过鼻子吸气，通过口呼气。尽量保持深而有规律的呼吸，让您的身体获得充足的氧气。

做到以上要点需要时间和耐心。初学者可能会面临一些挑战，如耐力不足、肌肉酸痛等。

随着您逐渐适应跑步，您将开始感受到许多好处。您的心肺功能将得到改善，您的体力和耐力将会提升，您的身体将更加健康而有活力。同时，跑步也有助于释放压力、改善心情，增强自信心和积极性。您将收获跑步带来的愉悦感和成就感，并渐渐体验到它对您的生活的积极影响。

在下一部分，我们将讨论如何制订合理的训练计划，以帮助您保持动力和持久性。

可以看到，ChatGPT 逐个展开了"步入跑步世界"模块下的 3 个要点，完成得相当不错。

现在我们让 ChatGPT 生成第 IV 部分——"制订合理的训练计划"。我编写了下面的提示。

P 按照以下指示展开说说大纲中的第 IV 部分：为每个要点生成 1~3 个段落，阐述要点时使用详细的例子。

ChatGPT 收到这个提示后，给出了如下回答。

Ⅳ. 应对挑战

在跑步过程中，您可能会面临一些挑战。然而，只要您有正确的心态和应对策略，就能克服这些挑战并继续前进。

1. 心理挑战

跑步不仅是一项体力活动，也是一种心理挑战。很多人在跑步过程中面临着动力不足、厌倦和自我怀疑等问题。在这种情况下，关键是培养积极的心态和寻找内在的动力。设立小目标和奖励机制是有效的策略。例如，您可以设定每周跑步 3 次并完成一定的里程，然后为自己准备一份小礼物，比如一杯喜欢的咖啡或者一本新书。这样的奖励机制能够激励您坚持下去，同时也增加了跑步的乐趣和意义。

2. 时间管理挑战

如果您是职场人士，时间管理对您来说可能是一个挑战。工作和其他社交活动可能会占据您大部分的时间，让您感到没有足够的时间跑步。在这种情况下，找到适合您的时间段是关键。您可以尝试在早晨起床后或者下班后的时间段跑步，或者利用午休时间进行短暂的跑步活动。此外，合理的时间规划和优先级安排也是帮助您腾出时间的重要因素。例如，将跑步列入每周固定的计划中，将其视为与其他工作和社交活动同等重要的事项，您就会更容易坚持跑步。

3. 克服伤病和疲劳

跑步时可能会遇到一些伤病和疲劳问题……

对比大纲，我发现 ChatGPT 出现了异常：它围绕"应对挑战"讨论了"心理挑战""时间管理挑战""克服伤病和疲劳"这 3 个小要点，这些内容和大纲的第Ⅳ、第Ⅴ部分都不匹配！也就是说，ChatGPT 忘记了刚才的大纲。

针对这个问题，我想出了一种解决办法：重新输入大纲，让 ChatGPT 记住。下面是我用的提示。

请记住你生成的大纲，接下来你要严格按照这份大纲生成内容。请等待我的提示，不要立即开始写作。下面是大纲：

[此处是具体的大纲]

收到这个提示后，ChatGPT 给出了下面的回答。

A 我会按照您的要求等待您的提示，不会立即开始写作。请随时告知我您的下一步指示。

可以看到，它重新记住了大纲，做好了继续写作的准备。

然后，我把第 Ⅳ 部分对应的提示重新发送给 ChatGPT，它生成了下面的内容。

A Ⅳ. 制订合理的训练计划

A. 引入跑步与步行的间歇训练法

跑步与步行的间歇训练法是一种有效的训练方法，特别适合初学者使用。它结合了跑步和步行，通过交替进行高强度的跑步和低强度的步行来提升跑步者的耐力和适应能力。这种训练方法既能够使跑步者锻炼身体，又能够使跑步者获得充分的恢复时间。

例如，您可以先以轻松的步行作为热身，然后进行一段强度适当的跑步，接着再步行以恢复呼吸和心率。随着时间的推移，您可以逐渐增加跑步的时间，并减少步行的时间。例如，您可以从跑步 1 分钟、步行 2 分钟开始，然后逐渐调整到跑步 2 分钟、步行 1 分钟，再到最终的连续跑步。

B. 逐渐增加跑步时间和距离

制订适合个人水平的训练计划是关键。在开始阶段，您可以设定一个初始的跑步时间或距离目标，然后逐渐增加。重要的是要平衡挑战和身体的适应能力。

例如，您的初始目标是每次跑步 3km，您一开始每次只能跑 1km，那您可以试着每周增加 0.1km 的距离，等自己慢慢适应新的跑步距离后，在新的一周里再增加 0.1km 的距离……以此类推，最终将单次跑步距离增加到 3km，实现您的目标。逐渐增加距离可以给身体足够的时间来适应新的负荷，减少受伤的风险，同时也能提高您的耐力水平。

此外，您也可以考虑设置时间目标，例如每次跑 30 分钟，然后逐渐增加到 40 分钟、50 分钟，甚至更长的时间。这种方法可以根据您的身体状况和时间安排灵活调整。

C. 合理安排休息和恢复时间

休息和恢复对于训练计划的成功实施至关重要。在跑步过程中，身体需要时间来修复肌肉组织、恢复能量。

一种常见的休息和恢复策略是每周安排一天到两天的休息日。这些休息日可以让身体得到充分的恢复，减少疲劳和降低受伤的风险。此外，您还可以在每个训练周期中安排适度的休息日，以确保身体有时间适应新的训练负荷。

在休息日，您可以选择进行一些强度较低的活动，如散步、瑜伽等。这些活动可以促进血液循环、放松肌肉。

另一个重要的注意事项是在每次跑步之间留出足够的恢复时间，这样可以给予肌肉和关节充分的恢复时间，避免过度使用。

总结起来，制订合理的训练计划涉及引入跑步与步行的间歇训练法、逐渐增加跑步时间和距离，以及合理安排休息和恢复时间。记住，个人的训练计划应根据个体差异进行调整，以确保训练安全、有效和可持续。

这次，ChatGPT 没再出错，按照要求生成了内容。

接下来我们看第 V 部分——"应对挑战"，提示如下。

P 按照以下指示展开说说大纲中的第 V 部分：为每个要点生成 1～3 个段落，为每个要点提供可操作的方法。

这次我又调整了提示，要求 ChatGPT 针对跑步中的挑战给出可操作的方法。ChatGPT 收到提示后，生成了下面的内容。

A V. 应对挑战

A. 应对跑步时的身体不适和疲劳

在跑步过程中，您可能会遇到一些身体不适和疲劳的情况，这可能包括肌肉酸痛、脚部不适、呼吸困难等。以下是一些应对这些情况的方法。

1. 热身：在每次跑步前进行适当的热身可以帮助预防肌肉拉伤和增强肌肉灵活性。一些常见的热身活动包括慢跑、动态拉伸和关节活动。

2. 适应性训练：逐渐增加跑步的时间和距离，给身体足够的时间适应新的负荷。不要急于提高速度或增加距离，以免过度使用肌肉和关节。

3. 调整跑步姿势：确保您的跑步姿势正确，包括挺胸、放松肩膀、收紧腹部和保持脚步较轻。正确的姿势可以减少对关节和肌肉的压力。

B. 对抗心理障碍和动力不足

除了身体上的挑战，跑步时还可能面临心理障碍和动力不足的问题。以下是一些解决方法。

1. 目标设定：设定明确、可衡量和可实现的目标。这可以帮助您保持动力和专注力，并衡量自己的进步。

2. 寻找动力来源：找到可以激励您的因素，如参加比赛、与伴跑伙伴一起训练或挑战自己的个人纪录。与他人分享您的目标和成就，可以获得支持和鼓励。

3. 建立奖励机制：为自己设定一个奖励机制，当完成特定目标时对自己进行奖励。这可以促进积极的反馈循环，增强动力和满足感。

C. 寻找伴跑伙伴或加入跑步社群的好处

寻找伴跑伙伴或加入跑步社群可以带来许多好处，包括以下方面。

1. 获得支持和激励：与他人一起跑步可以相互支持和激励，共同应对跑步中的挑战。你们可以一起制订训练计划、分享经验和鼓励彼此坚持下去。

2. 增强安全性：与他人一起跑步可以增强安全性。在跑步过程中，你们可以互相照应，降低受伤的风险，并在需要时获得帮助和支持。

3. 丰富社交圈子：加入跑步社群可以结识志同道合的人，分享跑步的喜悦和经验。这样您不仅可以丰富社交圈子，您还可以从其他跑者身上获得更多的启发。

为了寻找伴跑伙伴或加入跑步社群，您可以尝试以下方法。

- 在当地体育俱乐部或健身中心寻找跑步团队或社群。这些组织通常会定期组织跑步活动和训练，为您提供一个与他人一起跑步的机会。

- 在社交媒体平台上寻找与跑步相关的社群。加入这些社群可以与其他跑者交流和分享经验，甚至找到一起跑步的伙伴。

- 参加当地的跑步比赛或公共活动。这是结识其他跑者的绝佳机会，您可以在比赛中结识新朋友，并建立跑步社交网络。

通过寻找伴跑伙伴或加入跑步社群，您可以获得更多的动力、支持和社交互动,使跑步变得更加有趣和令人愉悦。记住,跑步是一个可以与他人分享的活动,与他人一起前进将使您更加坚定和坚持不懈。

让我感到欣喜的是,ChatGPT 理解了"可操作的方法"这点要求,给出的方法都是有指导意义的。

接下来我们来生成第Ⅵ部分——"营养和饮水"。我在编写提示时又做了一点调整,具体如下。

P 按照以下指示展开说说大纲中的第Ⅵ部分:为每个要点生成一个段落,必要时举例说明。

ChatGPT 收到提示后生成了如下内容。

A Ⅵ.营养和饮水

A. 提供合适的营养支持和补给建议

在跑步过程中,正确的营养支持对于提供能量、促进恢复和维持身体健康至关重要。以下是一些营养建议,以帮助您在跑步过程中保持良好的营养状态。

首先,确保您的饮食均衡,包含足够的碳水化合物、蛋白质和健康脂肪。碳水化合物是跑步时的主要能量来源,您可以通过摄入全谷类、水果、蔬菜等食物获取。蛋白质对于修复和建立肌肉组织至关重要,您可以选择鱼类、禽肉、豆类作为优质的蛋白质来源。健康脂肪如橄榄油、鳄梨和坚果可以提供额外的能量和营养支持。

其次,要确保跑步前和跑步后的餐食有足够的营养和能量。在跑步前,选择易消化的食物,如水果、酸奶或全麦面包,以提供持久的能量。在跑步后,尽量在 30 分钟内摄入含蛋白质和碳水化合物的饮食,以帮助肌肉恢复和补充能量。

最后,记得根据个人需求和训练强度来调整饮食。如果您进行长时间或高强度的跑步训练,可能需要额外的能量和营养支持。在这种情况下,您可以考虑补充运动营养品,如能量饮料、能量凝胶或蛋白质粉,以满足额外的营养需求。

B. 跑前和跑后的饮水指南

保持良好的水分摄入对于跑步表现和身体健康都至关重要。以下是一些跑前和跑后的饮水指南。

在跑步前，确保摄入足够的水分。平时要保持足够的饮水量，避免脱水。在跑步前的最后一小时，适量地饮用水或无糖饮料，以确保您身体中的水分充足。避免过量饮水，以免在跑步过程中出现不适。

在跑步过程中，根据天气条件和运动强度，您可能需要补充水分。一般来说，每隔15～20分钟喝一次水是一个不错的选择。您可以携带水瓶或使用水壶腰包以便在跑步过程中补充水分。

在跑步结束后，要及时饮用适量的水或运动饮料，以帮助身体恢复水分平衡和代谢废物。尽量在跑步结束后30分钟内饮用，以更好地恢复身体功能。

此外，了解自己身体的水分需求也很重要。每个人的水分需求不同，取决于体型、代谢率和运动强度。您的尿液颜色可以反映您身体对水分的需求。尿液呈淡黄色表示水分摄入是足够的，而尿液呈深黄色则可能是脱水的迹象，需要增加水分摄入。

总之，保持良好的水分摄入是跑步过程中的关键。您适当根据自身需求，合理调整饮水量，并确保在跑步前、跑步中和跑步后及时补充水分。这有助于提升跑步表现和身体健康水平。

我仔细阅读了ChatGPT生成的文本，发现跑步过程中的饮水指南这部分内容，我这个已经持续跑步5年的人，以前竟然没有留意过（我之前在跑步过程中不喝水）。由此我觉得，ChatGPT生成的这部分内容还是相当全面的。

接下来的第Ⅶ部分和第Ⅷ部分，我直接使用"展开说说"这个指令，让ChatGPT生成内容。

P 展开说说大纲中的第Ⅶ部分。

展开说说大纲中的第Ⅷ部分。

为节省篇幅，这里就不再展示ChatGPT生成的具体内容了。

扫码关注公众号"AI写作轻松学"并回复关键词"103"，查看ChatGPT生成的完整信息。

最后我们来生成第Ⅸ部分——"结论"。下面是我用的提示。

P 按照以下指示完成大纲中的第Ⅸ部分：简短叙述，鼓舞读者行动。

在这个提示中，我特意要求 ChatGPT 简短叙述。ChatGPT 针对提示，生成了下面的内容。

A Ⅸ．结论

在本文中，我们探讨了养成健康的跑步习惯的重要性，并提供了一系列实用的方法和建议。跑步对健康有着显著的益处，包括增强心肺功能、提高代谢水平、改善心理健康状况等。通过准备阶段的健康检查和购买合适的跑步装备，逐步步入跑步世界，制订合理的训练计划，应对挑战，关注营养和饮水，预防伤病，养成健康的跑步习惯，您可以享受跑步带来的益处。

现在是行动的时刻！无论您是跑步新手还是有经验的跑者，您都可以从今天开始养成健康的跑步习惯。您应当设定明确的目标，制订合理的计划，激发内在的动力，找到适合自己的跑步方式和节奏。在跑步过程中，记住享受其中的乐趣，与他人分享您的进展和成就。

不要忘记，跑步是一个持续的过程，您可能会面临挑战。但是，坚持下去，您将有所收获：与身体建立更紧密的联系、发现自己的潜力、享受运动的喜悦和健康的回报。

所以，让我们一起迈出第一步，开始养成健康的跑步习惯吧！无论您的目标是追求健康、寻求新的挑战、减轻压力还是享受大自然，跑步都将成为您实现目标和提升生活质量的有效途径。开始您的跑步之旅，改变您的生活，享受运动的快乐和健康的益处吧！

这个结尾还是稍显啰唆。我们可以根据个人需求，调整提示，让 ChatGPT 生成新的版本。

好了，到这里我们就让 ChatGPT 根据大纲，分多次生成了文章的每个部分。将各个部分的内容整合起来，就可以得到完整的文章。这篇文章内容丰富、翔实，篇幅很长，总字数超过 8000 字。

当然，目前的文章还不是最理想的，还存在一些问题，如风格机械、衔接不畅等，需要我们手动编辑调整。具体怎么做，后面章节有详细讲解。

扫码关注公众号"AI写作轻松学"并回复关键词"104"，查看人工编辑后的跑步指南文章。

（5）让 ChatGPT 为文章起标题

文章生成后，接下来要做的事情是起标题。我们可以简单地使用下面的提示让 ChatGPT 生成标题。

P 请给这篇文章起 [*n*] 个有吸引力的标题。

如果文章较短，ChatGPT 生成文章时没有中断过，那它可以记得完整的文章内容，给出与文章主旨相关的标题。

如果文章很长，ChatGPT 生成文章时中断了几次，那它可能会基于最近的一段内容来生成标题，这可能导致标题和文章内容不匹配。

解决的办法是，让 ChatGPT 根据大纲生成标题。我使用的提示如下。

P 根据大纲，按照以下指示生成 5 个标题：标题要能激发读者的阅读兴趣，要暗示利益，要营造紧迫感。

ChatGPT 根据要求，提供了如下 5 个标题。

A
1. 解锁健康与活力：跑步带给你的惊人变化
2. 打破桎梏：跑步改变职场人士的生活方式
3. 跑步之道：如何轻松塑造健美身材
4. 超越自我：跑步引领你走向事业与健康的巅峰
5. 职场人士的秘密武器——跑步

这 5 个标题，读起来有一定的吸引力。我们可以从中选一个并进行优化，供文章正式发布时使用。

4.2 半包式 ChatGPT 写作：你负责构思，ChatGPT 负责写作

半包式 ChatGPT 写作是这样的：个人完成构思工作（选题、梳理大纲、提炼要点等），ChatGPT 完成连缀成篇、起标题等工作。

这种写作方式就像单位领导吩咐秘书写发言稿一样，领导提供发言方向和核心要点，秘书完成草稿。

如果你喜欢捕捉灵感和要点，不喜欢逐字逐句写文章，或者已经根据选题完成了构思，想节约写作时间，可以试试半包式 ChatGPT 写作。

半包式 ChatGPT 写作过程概括地说，可分为两步：

- 请 ChatGPT 根据要求写文章；
- 让 ChatGPT 为文章起标题。

当你要写的文章较短，写作要求可以用一条提示说清楚时，可以直接按照上面两步操作生成文章。

如果你要写的文章较长，而且你想精确控制每个部分的内容，可以把第一步细分为 3 步，按如下 4 个步骤来操作：

- 指定角色；
- 指示 ChatGPT 记住文章大纲；
- 请 ChatGPT 根据大纲分批次生成文章；
- 让 ChatGPT 为文章起标题。

接下来，我就生成长文和短文两种情况，分别演示操作过程。

（1）一条提示快速生成短文

在日常工作和生活中，写短文的机会其实特别多，比如写日报、周报、各种发言稿，发朋友圈，写小红书笔记，回答知乎问题，等等。

现在，只要综合运用第 3 章介绍的各种写作提示，编写一个明确、具体的提示，发送给 ChatGPT，就可以轻松完成任务。

我们以写小红书笔记为例，看看具体怎么做。

下面是我构造的一个提示，用来指导 ChatGPT 生成"种草"×小黑瓶眼霜

的笔记。

P 你是一位小红书博主,擅长各种化妆品"种草",擅长利用痛点和场景制作"爆款"笔记。现在,请为小黑瓶眼霜写一篇"种草"笔记。注意,先描述用户痛点,再介绍产品;多用小红书表情和 emoji;段落间空行;笔记末尾加上标签;使用姐妹间推荐的口气。

这个提示属于第 3.2 节介绍的带角色提示,是按指定角色、描述任务和补充要求的结构编写的。其中,"你是一位小红书博主,擅长各种化妆品'种草',擅长利用痛点和场景制作'爆款'笔记"是指定角色,"现在,请为 × 小黑瓶眼霜写一篇'种草'笔记"是描述任务,"注意"之后的内容是补充要求。

在补充要求部分,我提了 3 类要求,一是笔记结构方面的,"先描述用户痛点,再介绍产品";二是平台风格方面的,"多用小红书表情和 emoji;段落间空行;笔记末尾加上标签";三是语言风格方面的,"使用姐妹间推荐的口气",这点对应第 3.17 节的内容。

将这个提示发送给 ChatGPT 后,它生成了下面的笔记。

A 标题:【"种草"× 小黑瓶眼霜】告别熊猫眼,让人焕发光彩 ✨

亲爱的姐妹们!今天要跟大家分享一款我最近发现的神奇眼霜,它就是 × 小黑瓶眼霜! 😍 你们是不是和我一样,早上起床后,照镜子时发现自己的眼睛成了"熊猫眼"?我真的是超级痛苦,因为熊猫眼无论怎么化妆都遮盖不了!但是现在,我终于找到了解决方法,让我来给你们介绍一下这款 × 小黑瓶眼霜吧!💁

首先,让我来讲讲它的外观。这款眼霜的外观真的是太有质感了!瓶身采用玻璃制成,沉甸甸的。而且,它的设计简洁大方,黑色瓶身搭配银色标识,看起来高级又低调奢华。👑

不过,最重要的还是它的功效!这款眼霜是专为眼周肌肤设计的,能够有效解决我们的痛点。它采用了独家的活性成分,能够深层滋养眼周肌肤,补水保湿,减少细纹和黑眼圈。而且,它还有紧致提拉的效果,可以让我们的眼周肌肤变得更加紧实有弹性!用了它,就不用担心年龄增长导致的眼周肌肤松弛的问题啦!✨

我使用了这款眼霜之后,感觉效果真的是太明显了!首先,它质地很轻薄,很容易被皮肤吸收,不会给皮肤带来负担。而且,它还有一种淡淡的香气,每天使用都让我感到愉悦。更重要的是,它真的有效!我的"熊猫眼"明显改善了,眼周肌肤也变得更加光滑紧致了!每次涂抹这款眼霜的时候,我都能感受到它在为我的眼周肌肤注入活力!😊

总之,我近期"大爱"×小黑瓶眼霜!它不仅外观精美,质地轻薄,更重要的是它真的能够有效改善眼周肌肤状况。如果你也和我一样有"熊猫眼"的困扰,或者想要提高眼周肌肤的紧致度,我强烈推荐你试试这款眼霜!你一定会像我一样对它爱不释手的!💗

#×小黑瓶眼霜 #"熊猫眼"解救 #眼部护理 #护肤推荐

可以看到,ChatGPT 很好地完成了任务。

这里要再次强调:补充要求对 ChatGPT 非常重要,越具体的要求,越能有效指导 ChatGPT 的内容生成过程。下面两点经验可以帮助你写出具体要求:

- 熟悉平台内容特征,比如上面的示例中,就把小红书笔记的一些特征,如 emoji、标签、空行等,放进了补充要求中;
- 多想想文章写完后的样子,将其描述出来,写成补充要求。

生成文章是半包式 ChatGPT 写作的第一步,第二步是生成标题。

我参考第 3.14 节的内容,编写了下面的提示。

P 按照以下指示为这篇笔记起 5 个标题:标题中加入数字,标题中带 "×小黑瓶眼霜"关键词;标题强调使用这款眼霜带来的变化。

将提示发送给 ChatGPT 后,它提供了如下 5 个标题。

A
1.【×天见效】×小黑瓶眼霜:告别"熊猫眼"
2.【第一次尝试】体验×小黑瓶眼霜:肌肤紧致,精神焕发
3.【亲测有效】×小黑瓶眼霜:×天后的明显改变
4.【4周挑战】重塑眼周肌肤:×小黑瓶眼霜带来的奇迹
5.【美丽转身】用上×小黑瓶眼霜,拥有惊艳变化

我感觉这几个标题已经比较吸引人了。如果你对这些标题不满意,可以让

ChatGPT 重新生成，或者参考第 3.14 节的指南，优化提示，再请 ChatGPT 生成新的标题。

上面我们演示了采用半包式 ChatGPT 写作生成短文的过程，这里有几个关键点需要你留意：

- 角色会深刻影响 ChatGPT 生成的内容，请在构造提示时，尽量为 ChatGPT 指定合适的角色；
- 要求越明确、越具体，ChatGPT 越知道怎么生成内容；
- 熟悉平台内容特征，这对细化提示很有帮助。

（2）精细控制分批次生成长文

看过了短文的生成过程，现在我们来看长文的生成过程。前面我们提到，生成长文时，可以按如下 4 个步骤操作：

- 指定角色；
- 指示 ChatGPT 记住文章大纲；
- 请 ChatGPT 根据大纲分批次生成文章；
- 让 ChatGPT 为文章起标题。

接下来，我就以"职场新人不要做副业"这篇文章为例，演示具体做法。

① 指定角色

为了生成更详细、更专业的内容，我们要给 ChatGPT 指定两个角色，一个是文章内容所属领域的专家，一个是写作方面的专家，如作家。

下面是我构造的提示。

P 你是一位职业咨询专家，有丰富的职场经验及做副业的经验，擅长指导别人规划职业。你还是一名职场自媒体博主，你擅长写作通俗易懂、生动有趣的文章。现在，你要写一篇主题为"职场新人不要做副业"的文章，文章应该通俗易懂，用详细的例子阐述观点和理由。请等待我的指示，不要立即开始写作。

收到这个提示后，ChatGPT 的回答如下。

A 好的，我明白了。请告诉我您接下来的指示，我将根据您的要求为您撰写一篇主题为"职场新人不要做副业"的通俗易懂的文章，并使用详细的例子阐述观点和理由。

可以看到，ChatGPT做好了写文章的准备。

② 指示ChatGPT记住文章大纲

现在，我们要让ChatGPT先记住文章大纲，然后等待进一步的指示。

我们提供给ChatGPT的大纲，各个部分要设定明确且唯一的编号，以便ChatGPT理解，也便于我们撰写提示时引用。编号可以采用各种形式，如：

- 1、2、3；
- I、II、III、IV；
- 一、二、三；
- A、B、C。

我用阿拉伯数字对"职场新人不要做副业"的大纲做了编号，然后写了下面的提示。

P 请记住下面的大纲，接下来你要严格按照这份大纲生成内容。请等待我的指示，不要立即开始写作。下面是大纲：

1. 引言

1.1 许多职场新人很想做副业

1.2 职场新人不应该做副业

2. 职场新人做副业很难赚到钱

2.1 有些副业是骗人的

2.2 有些副业回报很低

2.3 回报高的副业对专业性要求高，职场新人不具备

3. 职场新人做副业会影响主业

3.1 做副业可能占用本应用于主业的时间

3.2 做副业消耗精力过多，会影响主业

4. 职场新人做副业影响优势打造

4.1 做副业容易过度忙碌，导致没时间思考长远发展方向

4.2 做副业消耗时间和精力，导致个人在优势方向上投入不足

5. 总结

5.1 职场新人不要做副业

5.2 职场新人要专注于发展主业

将上面的提示发送给 ChatGPT，它给出了如下回答。

> **A** 好的，我已经记录下了您提供的大纲。接下来，请告诉我需要等待的指示。我将按照您的要求撰写一篇通俗易懂的文章，使用详细的例子来阐述观点和理由。

从 ChatGPT 的反馈可知，它理解了提示，记住了大纲，做好了写文章的准备。

③ 请 ChatGPT 根据大纲分批次生成文章

现在，我让 ChatGPT 根据大纲中的模块编号，一个模块一个模块地生成内容。注意，我根据每个模块的特点撰写了针对性的提示，以指导 ChatGPT 生成更符合预期的文章。

首先生成第 1 部分内容，即引言，提示如下。

> **P** 按照以下指示完成大纲的第 1 部分：这部分是文章引言，要引起读者的阅读兴趣。

ChatGPT 生成的结果如下。

> **A** 第 1 部分：引言
>
> 1.1 许多职场新人很想做副业
>
> 在当今竞争激烈的职场环境中，许多职场新人面临着压力和挑战。他们渴望脱颖而出，寻求更多的机会和收入来源。因此，许多职场新人对做副业抱有浓厚的兴趣和强烈的好奇心。做副业似乎是一条获得额外收入、开拓更广阔发展空间的途径，引得职场新人们纷纷追捧。
>
> 1.2 职场新人不应该做副业
>
> 然而，尽管副业有其吸引力，但我要坦诚地告诉你，不应该急于涉足副业。在这篇文章中，我将详细解释为什么职场新人应该将重心放在主业上，而不是分心于副业。让我们一起来看看相关的原因和论据。

这个开头通过描述职场竞争压力大引出了许多职场新人想做副业的现象，然后话锋一转，给出反对观点。这样的写法没什么错，但中规中矩，吸引力不强。造成这种现象的原因，其实是我们提供的指示（"要引起读者的阅读兴趣"）有点笼统，ChatGPT 看了不知道我们想要的吸睛开头到底是什么样子。所以要想提升开头的吸引力，我们应当细化提示，给出类似"引用名言""讲故事"这样更具体的要求，具体请参看第 3.19 节和第 5.3 节。

现在我们来生成大纲的第 2 部分——"职场新人做副业很难赚到钱"，提示如下。

P 按照以下指示完成大纲的第 2 部分：为每个要点生成 1～2 个段落，用详细的例子阐述观点和理由。

ChatGPT 的回答如下。

A 第 2 部分：职场新人做副业很难赚到钱

2.1 有些副业是骗人的

职场新人在选择副业时，可能会遇到一些陷阱。有些副业从表面上看能轻松赚取大量金钱，但实际上却是诈骗活动。举个例子，假设有一个名为"快速致富计划"的副业项目声称只需投入少量资金，就能在短时间内获得巨额回报。然而，实际上这种项目的目的往往是诱导人们加入金字塔式骗局，只有最早参与的人才能获利，而绝大多数人最终会损失资金。

2.2 有些副业回报很低

即使不涉及骗局，职场新人从副业中获得可观的收入也是一项挑战。许多副业可能只能提供很低的回报，远远无法与主业相提并论。举个例子，假设一个刚入职的年轻专业人士决定做网上兼职来赚取额外收入。他花费大量时间和精力在写作和设计任务上，但每小时只能获得几元钱的报酬，与主业相比，这种回报显然是微不足道的，而且很可能无法满足他的财务需求。

2.3 回报高的副业对专业性要求高，职场新人不具备

尽管有些副业可能提供相对较高的回报，但它们通常对专业知识和技能的要求很高。职场新人缺乏工作经验和专业知识，很难满足那些回报丰厚的副业的要求。例如，某个副业可能需要从业者精通特定的编程语言，而这对于一个刚刚毕业的新

人来说可能是一个巨大的挑战。在这种情况下，职场新人应该将精力集中在发展自己的专业技能上，而不是在一个自己并不具备竞争力的领域浪费时间和资源。

通过以上例子，我们可以看到职场新人在副业中赚钱的困难之处。下面我们将继续探讨第3部分——"职场新人做副业会影响主业"。

如你所见，ChatGPT 在生成上面的内容时构造了多个虚例来支持文章观点，其做法基本符合提示的要求。

我们来看大纲的第3部分——"职场新人做副业会影响主业"，针对它我编写了如下提示。

P 按照以下指示完成大纲的第3部分：为每个要点生成1～2个段落，安排1～2个例子，编写例子时需要说明人物的工作岗位。

这个提示套用了第2.6节介绍的进阶指令提示模板，在具体指示部分，我针对例子提出了明确人物工作岗位的要求，这能够让例子更接地气。

ChatGPT 收到提示后，生成了下面的内容。

A 第3部分：职场新人做副业会影响主业

3.1 做副业可能占用本应用于主业的时间

职场新人通常需要投入大量时间和精力来适应新的工作环境，并学习与工作相关的技能。如果他们同时做副业，那么这很可能会占用他们本应用于主业的时间。举个例子，想象一位刚刚加入一家大型咨询公司的新人顾问。他刚开始面对复杂的项目和客户需求，需要全身心地投入工作。然而，他决定同时做一份副业，成为一名兼职摄影师。这意味着他要抽出大量的时间在主业之外进行摄影工作，这可能导致他无法全身心地专注于主业，并可能影响他在公司的表现。

3.2 做副业消耗精力过多，会影响主业

除了占用本应用于主业的时间，做副业还可能消耗职场新人宝贵的精力。职场新人需要保持专注和高效，以适应工作中的挑战和学习需求。然而，如果他们在主业之外还要做副业，这可能会导致精力分散和疲惫。举个例子，想象一位刚刚加入一家创意广告公司的年轻设计师。他非常热爱绘画，并决定开设一家小型艺术工作室作为副业。这意味着他每天下班后还要投入大量精力来筹备和管理工作室,久而久之,他的工作状态会变差,从而导致他无法发挥出最佳的创意和设计能力。

通过上述例子,我们可以看到职场新人做副业可能对他们的主业产生负面影响。下面我们将继续探讨第 4 部分——"职场新人做副业影响优势打造"。

接下来,生成大纲的第 4 部分——"职场新人做副业影响优势打造"。这次我使用了一个很简单的基础指令提示。

P 展开说说大纲的第 4 部分。

ChatGPT 生成了下面的内容。

A 第 4 部分:职场新人做副业影响优势打造

4.1 做副业容易过度忙碌,导致没时间思考长远发展方向

职场新人在职业发展中,需要足够的时间和空间来思考和规划自己的职业路径。然而,如果他们过于专注于副业,往往会陷入忙碌的状态,没有时间思考自己在主业上的职业路径。举个例子,一个刚刚加入一家科技创业公司的年轻工程师,尽管他对软件开发充满热情,但他决定同时做副业,成为一个电子产品评测博主。他发现自己需要花费大量的精力来撰写文章,与读者互动和研究最新的电子产品。这使得他无法充分思考和规划在科技创业公司中的职业路径,从而错失建立专业优势的机会。

4.2 做副业消耗时间和精力,导致个人在优势方向上投入不足

在职场中,建立个人优势是非常重要的。然而,如果职场新人过度投入于做副业,他们可能无法在主业的关键领域投入足够的时间和精力,从而无法建立起个人优势。举个例子,想象一位刚刚进入金融行业的年轻分析师。虽然他对股票市场有浓厚的兴趣,但他同时决定做副业——周末在当地一家音乐学校担任音乐教师。尽管他热爱音乐,但额外的工作要求会占用他本应用于深入研究金融市场的时间和精力。结果,他可能无法充分发展自己在金融分析领域的专业知识和技能,这将限制他在职场中的成长。

通过以上例子,我们可以看到职场新人做副业可能会影响他们在主业中打造个人优势。接下来,我们将进行总结。

可以看到，这部分内容叙述得比较详细，每个要点下都安排了一个例子。这要归功于"展开说说"这个指令——ChatGPT 收到这个指令就会进入"详细介绍"模式。

最后，我们来生成大纲的第 5 部分对应的文本，也就是结尾，提示如下。

P 按照以下指示完成大纲的第 5 部分：这部分为总结，要求简洁有力，只需生成两个段落，一个段落重申观点"职场新人不要做副业"，另一个段落强调职场新人应当专注于发展主业，并指出这样做的好处。

考虑到 ChatGPT 的"话痨"倾向，我在编写提示时，特意在语言、段落数量及段落内容等方面提出了详细的附加要求。ChatGPT 收到提示后，回答如下。

A 第 5 部分：总结

5.1 职场新人不要做副业

综上所述，职场新人不应该过早涉足副业。副业往往存在赚钱困难、诱导欺诈的风险，而且回报很低或专业性要求高。此外，做副业可能会占用本应用于主业的时间，消耗过多的精力，并阻碍职场新人在主业上打造个人优势。因此，职场新人应该谨慎对待副业的诱惑，集中精力发展自己的主业。

5.2 职场新人要专注于发展主业

职场新人应该专注于发展主业，这将带来许多好处。首先，专注于主业能够加速职场新人在特定领域的成长和进步，帮助职场新人培养专业知识和技能。其次，主业的发展将为职场新人提供更多的机会和挑战，有助于职场新人建立职业声誉和人际关系网络。此外，专注于主业还可以提升职场新人在公司中的表现和职业竞争力，为未来的职业发展打下坚实的基础。

因此，作为职场新人，我们应当抵制副业的诱惑，将精力集中在主业上，致力于发展自己的主业。

可以看到，ChatGPT 按要求完成了任务。

将 ChatGPT 多次生成的内容合并后，可以得到完整的文章。

扫码关注公众号"AI写作轻松学"并回复关键字"110"，查看ChatGPT多次生成内容合并后的完整案例。

④ 让ChatGPT为文章起标题

我给文章起的标题是"职场新人不要做副业"，它直陈观点但吸引力不够。

下面我让ChatGPT阅读大纲，按指示生成5个备选标题。具体提示如下。

P 根据大纲，按照以下指示生成5个标题：标题要强调价值，要包含关键词"副业"，要运用对比手法。

ChatGPT生成的标题如下。

A 1. 副业诱惑无穷，主业成就无限：职场新人需明智选择
2. 副业梦想与主业现实：职场新人面临的艰难抉择
3. 副业魔力诱惑，主业实力护身：职场新人需明辨先后
4. 副业的浮光掠影，主业的璀璨星辰：职场新人何去何从
5. 副业浪漫幻想，主业脚踏实地：职场新人需理性选择

编号为2的标题还比较有吸引力。当然，如果你不满意，还可以调整提示，让ChatGPT继续生成。

4.3 零工式ChatGPT写作：你掌控一切，ChatGPT按需为你服务

除了全包式和半包式ChatGPT写作，还有一种很典型的写作场景：你想掌控所有写作环节，如策划选题、梳理大纲、连缀成篇、修订、打磨标题等，但你有时缺灵感，有时缺素材，有时起不好标题……

这个时候，你也可以请ChatGPT来帮忙，以弥补你"缺失的部分"。你缺灵感，就让ChatGPT提供灵感；你缺素材，就让ChatGPT提供素材……

我将这种方式称为"零工式 ChatGPT 写作",意为"ChatGPT 以零工的方式帮你写作"。

采用这种方式,你对写作几乎拥有 100% 的掌控权,可以最大限度地按照自己的意愿创作文章。

ChatGPT 可以帮你做很多事,如提供选题、收集素材、细化大纲、补充理由和论据、打草稿、提供同义词、检查语法、起标题、审校文章等。具体如何做,我们在第 3 章已经分门别类介绍过相应的写作提示,并给出了示例,这里不再展开。

接下来,我就"细化大纲""补充理由和论据""打草稿"这 3 件事做一下说明,因为之前没有正式介绍过它们。

(1)请 ChatGPT 帮忙细化大纲

在构思文章时,常常会出现这种情况:选题有了,一级标题也有了,但更详细的东西,想不出来或者想不全。

这个时候,就可以请 ChatGPT 帮忙细化大纲。

下面我们来做个演示。

假设你要写一篇介绍时间管理方法的文章,你想到了 GTD、番茄工作法、艾森豪威尔矩阵、帕累托原则 4 种方法,但你不知道具体讲解每种方法时要介绍哪些要点。

你就可以编写下面的提示,请 ChatGPT 帮你细化大纲。

P 你是一位时间管理专家,能将复杂的时间管理理论和方法讲得通俗易懂。现在,我要写一篇文章,面向没有时间管理经验的读者,介绍常见的时间管理方法。文章将介绍 GTD、番茄工作法、艾森豪威尔矩阵和帕累托原则。请你帮我细化下面的大纲。

1. 人人都有必要学习时间管理

2. GTD

3. 番茄工作法

4. 艾森豪威尔矩阵

5. 帕累托原则

6. 总结

把上面的提示发给 ChatGPT，它很快就生成了下面的大纲。

A 文章大纲如下。

1. 人人都有必要学习时间管理
- 引言：介绍现代社会中时间管理的重要性
- 提出问题：为什么我们需要学习时间管理
- 概述文章结构

2. GTD
- 简介：介绍 GTD 的背景和基本原则
- 步骤解析
  - 收集：如何收集和记录所有任务和想法
  - 处理：如何评估和区分任务，以确定下一步行动
  - 组织：如何建立任务清单和做日程安排，以确保任务不被遗漏
  - 回顾：如何定期回顾和更新任务清单
  - 执行：如何有条不紊地执行任务
- 实际应用：提供一些实际应用 GTD 的例子和建议

3. 番茄工作法
- 简介：介绍番茄工作法的概念和由来
- 基本原则：解释番茄工作法的基本原则
- 步骤解析
  - 设定目标：如何明确目标和任务
  - 设置定时器：使用番茄钟来划分工作时间和休息时间
  - 专注工作：集中精力完成一个番茄钟的工作
  - 短暂休息：利用短暂休息来恢复精力
  - 循环迭代：重复一个番茄钟的工作和休息循环
- 实际应用：提供一些实际应用番茄工作法的技巧和建议

4. 艾森豪威尔矩阵
- 简介：介绍艾森豪威尔矩阵的概念和由来

- 矩阵解析：
  - 重要且紧急：处理紧急且重要的任务
  - 重要但不紧急：规划和执行重要但不紧急的任务
  - 紧急但不重要：减少紧急但不重要的任务
  - 不重要且不紧急：避免或推迟不重要且不紧急的任务
- 实际应用：提供一些实际应用艾森豪威尔矩阵的建议和案例

5. 帕累托原则
- 简介：介绍帕累托原则的概念和背景
- 原理解析
  - 80/20 法则：解释帕累托原则，即 20% 的投入可以产生 80% 的结果
  - 重点关注：强调在任务和活动中识别和专注于最重要的 20%
  - 优先排序：如何根据重要性和效益对任务进行优先级排序
- 实际应用：提供一些实际应用帕累托原则的实例和建议

6. 总结
- 知识回顾：简要回顾介绍的时间管理方法，包括 GTD、番茄工作法、艾森豪威尔矩阵和帕累托原则
- 选择合适的方法：强调每个人可以根据自身情况选择适合自己的时间管理方法
- 实践和坚持：鼓励读者积极实践所学的时间管理方法，并坚持养成良好的时间管理习惯
- 结语：强调时间管理的重要性，鼓励读者在日常生活中有效管理时间，提高生产力和生活质量

注意：在文章的每个部分，可以提供一些具体的技巧、实用建议或者事例来帮助读者更好地理解和应用相应的时间管理方法。

如你所见，ChatGPT 大致按照"简介—原理/步骤/矩阵解析—实际应用"的结构介绍了每一种时间管理方法，整个细化工作完成得相当漂亮。

如果你遇到类似情况——想出了文章的一级标题（要点）但想不全二级标题（子要点），可以放心让 ChatGPT 帮你细化大纲，它能为你提供完成度相当高的

底稿，你只要在它提供的底稿的基础上稍做调整，就可以得到真正可用的大纲。

（2）请 ChatGPT 帮忙补充理由和论据

我们在写作观点类文章时，经常会遇到这样的情况：有观点但找不到足够多的理由和论据。此时，也可以请 ChatGPT 帮忙，它在补充理由和论据这方面特别擅长。

提示模板如下。

> 请为下面的观点提供 3 个理由，并为每个理由提供 3 个论据。
> [你的论点]

其中，"[你的论点]"在实际运用中要替换为你想论证的观点。

假设你要论证"高考不能决定人的一生"这个观点，套用上面的模板，可以写出下面的提示。

P 请为下面的观点提供 3 个理由，并为每个理由提供 3 个论据。
高考不能决定人的一生。

将上面的提示发送给 ChatGPT，它给出了下面的回答。

A 观点：高考不能决定人的一生

理由 1：高考成绩无法全面反映一个人的能力和潜力

论据如下。

a. 学科局限性：高考仅测试少数学科的知识，忽略了其他重要领域，如艺术、体育等。一个人的一生需要综合能力的支持，而高考成绩无法全面反映这些能力。

b. 压力和焦虑影响：高考环境下的压力和焦虑可能影响学生的发挥，导致高考成绩不尽如人意。然而，这并不意味着他们缺乏能力或潜力，只是他们在特定环境下的表现受到了影响。

c. 长期发展考量：高考只是短期的考核，无法预测一个人在未来的长期发展中的表现。一个人的成长和发展是一个渐进的过程，高考成绩不能决定其未来的职业发展。

理由 2：个人兴趣是决定人生道路的重要因素

论据如下。

a. 兴趣带来的动力：一个人对某个领域的兴趣是他持续学习和发展的重要动力。而对于人生道路至关重要。

b. 多样化的职业选择：通过高考进入大学，等毕业后可以获得一份工作；在感兴趣的领域深耕成为能为用户创造价值的专业人士，也可以获得一份工作。

c. 自我发现与个人发展：高考并不能提供足够的机会和空间让学生去探索自己的兴趣、发展自己的个性，但这些因素对于一个人的一生至关重要。

理由 3：综合素质和人际关系对成功很重要

论据如下。

a. 综合素质：成功不仅依赖于学术能力，还需要综合素质的支持，如领导能力、创新能力、团队合作能力等，但高考成绩无法全面反映一个人在这些方面的表现。

b. 人际关系：在现实生活中，人际关系对于个人的发展至关重要。然而，高考并不评估一个人的人际关系。

如你所见，ChatGPT 很好地完成了任务。但你仔细观察，可能会发现，ChatGPT 提供的有些论据是重复或部分重复的，比如理由 1 的 a 论据和理由 3 的 a 论据，就有部分重叠。但不管怎样，ChatGPT 给我们提供了参考。

（3）请 ChatGPT 帮忙打草稿

请 ChatGPT 帮忙打草稿，是指把文章主题和补充要求发给 ChatGPT，请它直接生成一篇文章。我们不直接发布这篇文章，而是从中提取关键信息作为素材，供我们写文章使用。

换句话说，我们只是将 ChatGPT 生成的文章当作草稿，参考它来写正式的文章。

我经常使用这种做法。

2023 年 5 月 7 日，我在知乎热榜看到一个问题——"为什么企业管理者总怀疑员工偷懒"，我想要回答，但一时又不知从何写起。于是，我就想从 ChatGPT 那里寻找一些灵感。

我按照带角色提示的结构，写了如下提示。

P 你是一位企业管理者，经营经验、管理经验丰富，熟悉人力资源管理的各种理论、方法。回答这个问题：为什么企业管理者总怀疑员工偷懒？注意，从企业管理者的视角出发回答这个问题，要给出令人信服的理由，并给出改善这种现象的具体策略。

将上面的提示发送给 ChatGPT，它很快给出了下面的回答。

A 作为企业管理者，我们不得不承认，一些员工确实存在偷懒的行为。然而，并不是每个员工都这样，这种怀疑会对员工的士气和动力造成不良影响，从而影响企业的生产力和盈利能力。

企业管理者怀疑员工偷懒的原因如下。

1. 信任缺失：企业管理者可能缺乏对员工的信任感，从而怀疑员工的工作表现不佳。

2. 缺乏有效的绩效评估机制：如果企业没有有效的绩效评估机制，员工的工作表现就不能被透彻了解，从而导致企业管理者怀疑员工的工作表现不佳。

3. 不良的管理方法：企业管理者的管理方法可能不当，导致员工缺乏工作积极性，从而表现出偷懒的行为。

改善这种现象的具体策略如下。

1. 建立良好的沟通机制：建立良好的沟通机制可以帮助企业与员工之间建立信任关系，增加员工对企业的忠诚度和认同感。

2. 建立有效的绩效评估机制：建立有效的绩效评估机制，有助于企业管理者充分了解员工的工作表现。

3. 采用激励措施：通过奖金和晋升机制激发员工的工作积极性和创造力，提高员工的工作质量和产出效率。

4. 建立良好的企业文化：良好的企业文化是企业吸引和留住优秀员工的关键。建立积极向上、和谐稳定的企业文化，可以吸引和激励员工，提高员工的工作满意度和忠诚度。

总之，作为企业管理者，我们应该从员工的角度出发，理解员工的需求和动机,并通过有效的管理方法和良好的企业文化,激发员工的工作积极性和创造力,提高员工的工作质量和产出效率。同时,我们也应该采取必要的措施,确保员工遵守企业的工作规定和流程,防止员工出现偷懒行为。

在实施这些策略时,需要注意以下几点。

1.根据不同员工的工作性质和特点,制定不同的管理方法和激励措施。

2.要及时跟踪员工的工作表现,发现问题要及时解决,避免问题扩大。

3.建立有效的反馈机制,让员工了解自己的工作表现,及时调整工作方法和提高工作效率。

4.要注重员工的职业发展和个人成长,提供培训和晋升机会,激励员工进行自我提升。

通过实施这些策略,企业可以与员工建立良好的关系,增强员工的工作积极性和责任感,提高员工的工作质量和产出效率,从而提高企业的生产力和盈利能力。

收到ChatGPT的回答后,我仔细阅读了两遍,从中提取了几个要点,结合我的所思所感,构思了一个新的回答。最终,我发布的回答如下。

2015~2016年,跟朋友一起创业,我是联合创始人,从零组建了研发团队。在那一年多的时间里,我也多次怀疑过员工是不是在偷懒。

反思这段经历,我觉得原因有3个。

1. 缺乏有效的绩效评估机制

尽管市面上有数不尽的绩效评估机制,但多数时候,很多公司还是不知道怎么评估员工的表现。

比如一个从事网络协议开发的程序员,可能在一两年时间内都没什么能看得到的成果,你怎么评估他的工作表现?

这种情况下,公司下意识地就会去盯工作过程,而一旦公司开始盯工作过程,就很容易拿工作时间、工作态度、任务密度、工作量等来评价员工,进而就容易怀疑员工偷懒。

当然,我不是为公司辩护,只是说实际情况。

2. 管理者水平有限或偷懒

这一点其实与第一个原因相关。

当我们不能用成果评估员工绩效时，还有没有更好的方法，能准确了解员工的工作表现和延后的工作成果呢？

可能是有的。

但管理者水平有限，找不到这种更好的方法。

或者管理者偷懒，不愿花心思去找好方法，不愿花成本去测试好方法。

这样做的结果，又会导致员工不满，丧失动力和积极性，进而导致员工真的偷懒或无效忙碌。

3. 公司不信任员工

对员工不信任，也是怀疑员工偷懒的一个重要原因。

我拿孩子学习这件事打个比方。

在我女儿上小学的时候，我对她关注比较多，经常辅导她学习。那时，到了晚上，如果她作业做得慢、完成得比较晚，我就会怀疑她是不是发呆了、玩玩具了。

究其原因，是那时候我不相信女儿有足够强的自我管理能力。

现在我女儿上初一，都是在自己房间做作业，门也关上。但我不会怀疑她玩手机、玩游戏。因为根据我对她这几年的发展的观察，我相信她有自我管理的能力，能分清事情的轻重缓急。

回到怀疑员工偷懒这件事情上，道理也是类似的——因为公司不信任员工，不相信员工会自发地积极工作，所以才怀疑员工偷懒。

公司对员工的信任，不是员工过了试用期就能建立的，而是要一起成功完成几件事才能建立。

也就是说，信任是一起做事做出来的。

当然，这里面也有管理者主观上缺乏安全感、不愿意相信人等因素。

你对比一下就会发现，我这个回答与 ChatGPT 生成的内容，称得上"大不相同"。

如果你想要自己写一篇特定主题的文章或者回答一个问题，暂时没思路，也可以先请ChatGPT打草稿，然后参考草稿创作你的文章或回答。

刚刚我们演示了使用ChatGPT细化大纲、补充理由和论据与打草稿。实际上，只要我们建立起"ChatGPT是智能写作助手"这种意识，就能按需使用第3章介绍的各种写作提示，请ChatGPT帮我们提升写作效率。

扫码关注公众号"AI写作轻松学"并回复关键词"106"，查看更多零工式ChatGPT写作案例。

第 5 章　人工编辑 ChatGPT 生成的内容

学完前面的内容，你肯定能够使用 ChatGPT 生成特定主题的文章了。也许，你已经兴奋地在公众号、知乎、今日头条等平台上发布了你的最新作品了。

但我想提醒你的是，**不要直接发布 ChatGPT 生成的内容，要先对它进行编辑，将它修订之后再发表！** 这样做有 3 个重要原因，一是提升文章质量，二是形成自己的风格，三是避免反 AI 系统判定你的文章是由 AI 生成的。

那如何编辑 ChatGPT 生成的内容呢？可以从如下 8 个方面入手：

- 删减冗余内容；
- 核查事实；
- 改开头（引言）；
- 改结尾；
- 调整素材；
- 替换词语；
- 修改句子；
- 优化衔接。

接下来，我将逐一介绍。

5.1　删减冗余内容

ChatGPT 生成的文章中会有各式各样的冗余内容，需要删减。

在第 4 章中，我提供了一份关于副业的文章大纲给 ChatGPT，让它分批次生成文章。第一次生成的内容如下。

> **第 1 部分：引言**
>
> **1.1 许多职场新人很想做副业**
>
> 在当今竞争激烈的职场环境中，许多职场新人面临着压力和挑战。他们渴望脱颖而出，寻求更多的机会和收入来源。因此，许多职场新人对做副业抱有浓厚的兴趣和强烈的好奇心。做副业似乎是一条获得额外收入、开拓更广阔发展空间的途径，引得职场新人们纷纷追捧。
>
> **1.2 职场新人不应该做副业**
>
> 然而，尽管副业有其吸引力，但我要坦诚地告诉你，不应该急于涉足副业。在这篇文章中，我将详细解释为什么职场新人应该将重心放在主业上，而不是分心于副业。让我们一起来看看相关的原因和论据。

这篇文章不是论文，而是自媒体文章，准备发表在公众号、知乎等平台上。基于此，上述内容中斜体加粗的部分就是多余的，应当删掉。

对于非论文式文章，这类提示信息大都可以删掉。

第二次生成的内容如下。

> **第 2 部分：职场新人做副业很难赚到钱**
>
> **2.1 有些副业是骗人的**
>
> 职场新人在选择副业时，可能会遇到一些陷阱。有些副业从表面上看能轻松赚取大量金钱，但实际上却是诈骗活动。举个例子，假设有一个名为"快速致富计划"的副业项目声称只需投入少量资金，就能在短时间内获得巨额回报。然而，实际上这种项目的目的往往是诱导人们加入金字塔式的骗局，只有最早参与的人才能获利，而绝大多数人最终会损失资金。
>
> **2.2 有些副业回报很低**
>
> 即使不涉及骗局，职场新人从副业中获得可观的收入也是一项挑战。许多副业可能只能提供很低的回报，远远无法与主业相提并论。举个例子，假设一个刚入职的年轻专业人士决定做网上兼职来赚取额外收入。他花费大量时间和精力在写作和设计任务上，但每小时只能获得几元钱的报酬，与主业相比，这种回报显然是微不足道的，而且很可能无法满足他的财务需求。

2.3 回报高的副业对专业性要求高，职场新人不具备

尽管有些副业可能提供相对较高的回报，但它们通常对专业知识和技能的要求很高。职场新人缺乏工作经验和专业知识，很难满足那些回报丰厚的副业的要求。例如，某个副业可能需要从业者精通特定的编程语言，而这对于一个刚刚毕业的新人来说可能是一个巨大的挑战。在这种情况下，职场新人应该将精力集中在发展自己的专业技能上，而不是在一个自己并不具备竞争力的领域浪费时间和资源。

通过以上例子，我们可以看到职场新人在副业中赚钱的困难之处。下面我们将继续探讨第 3 部分——"职场新人做副业会影响主业"。

这部分内容介绍了支持文章核心观点的第一个原因——"职场新人做副业很难赚到钱"，以及支持这个原因的 3 个论据。实际写作时，应当在一开始说明原因，然后罗列证据，证据罗列结束就可以开始介绍第二个原因"职场新人做副业会影响主业"。所以，最后一段（斜体加粗部分）就没必要存在，删除即可。

以上只是可以删减的信息示例，实际上，ChatGPT 生成的文章中还有不少可以删减的信息，只要你多加留意，多问问自己"这段文字对论证全文观点有多大帮助"，就可以发现它们。

5.2 核查事实

ChatGPT 在生成内容时，经常煞有介事地胡编乱造。如果你使用 ChatGPT 写作的文章中包含数据、书名、专利、论文、法律条文等事实性信息，最好核查一遍，确保引用正确。

2023 年 4 月 23 日（世界图书日），我让 ChatGPT 生成了一份给职场妈妈的书单，具体如下。

以下是面向职场妈妈的 10 本书。

1.《穿越职场的高 EQ 妈妈》作者：甘健。这本书讲述了如何在职场与家庭

中平衡发展，提高情商，非常适合职场妈妈。

2.《好妈妈胜过好老师》作者：许安。这本书探讨了家庭教育与学校教育之间的关系，妈妈们如何成为合格的母亲，在孩子成长的过程中如何帮助他们更好地学习。

3.《聪明妈妈的育儿宝典》作者：丁世伟。这本书涵盖了育儿过程中各种问题的应对方法，涉及婴幼儿的健康、教育等方面。

4.《超级职场妈妈成长记》作者：钟灵。这本书分享了很多职场妈妈的成功经验和成长历程，对于那些想要在职场和家庭中实现平衡的妈妈们具有启发作用。

5.《家有职场妈妈》作者：陈毓秀。这本书探讨了如何在职场和家庭中平衡发展，提升自己的领导力和职业技能。

6.《职场女性生存手册：办公室小攻略》作者：郭姗姗。这本书涵盖了在职场中各种问题的解决方法，从形象气质到人际交往等方面都有涉及。

7.《妈妈，做回自己》作者：叶子。这本书探讨了妈妈们在孩子成长过程中需要放弃的东西，以及如何重新找回自己。

8.《母亲的智慧：为孩子打造不一样的童年》作者：曹一凡。这本书为妈妈们提供了很多宝贵的育儿经验和建议。

9.《职场妈妈的心灵减压》作者：王艳。这本书为职场妈妈提供了放松和减压的方法，帮助她们在职场和家庭中保持平衡。

10.《父母，我能自己来》作者：金宇澄。这本书为父母提供了培养孩子独立自主、自力更生能力的方法，帮助父母在工作之余更好地教育孩子。

我将这份书单分享到朋友圈，有朋友指出，金宇澄是第九届茅盾文学奖得主，他根本就没写过《父母，我能自己来》这本书。

朋友一语惊醒了我，我赶紧逐一核查，结果发现，ChatGPT列出的书，要么不存在，要么作者不正确，10本书里竟然没有一本书的信息是正确的！

我还使用ChatGPT帮助我写过一篇与大学毕业生就业情况相关的文章。当时所用的提示如下。

P 按照以下指示写一篇讨论中国大学毕业生就业情况的文章：文章要引用大学毕业生数量、就业率等统计数据。

ChatGPT 生成的文章如下。

A 随着中国高等教育水平的不断提高，越来越多的大学毕业生涌入劳动力市场。然而，由于劳动力市场的需求和供给之间的不平衡，一些大学毕业生仍然面临就业难的问题。在这篇文章中，我们将讨论中国大学毕业生的就业情况，引用官方统计数据以支持我们的讨论。

根据教育部发布的数据，截至 2022 年，中国大学毕业生总数约为 920 万人。根据国家统计局发布的数据，2022 年的大学毕业生就业率为 96.4%，相比去年略有上升。

虽然大学毕业生就业率看起来很高，但实际上，仍然有许多大学毕业生难以找到合适的工作。其中一个重要原因是供需不匹配。许多大学毕业生希望在一线城市找到工作，而这些城市的就业市场竞争非常激烈。此外，科技、金融和媒体等行业的就业市场需求非常大，但大学毕业生人数并不足以满足就业市场需求。

此外，一些大学毕业生的职业技能不足也是就业难的原因之一。由于高校教育往往注重理论知识而忽略实际技能的培训，一些大学毕业生在实际工作中可能会遇到困难。因此，加强职业技能培训可能有助于提高大学毕业生的就业竞争力。

…………

在这篇文章的第 2 个段落，ChatGPT 说 2022 年中国大学毕业生总数约为 920 万人。而国家统计局的数据显示，2022 年中国普通高等学校毕业生数为 967.2565 万人，如图 5-1 所示。

这是无可辩驳的错误。如果我不做核查就将这篇文章发表出去，就会因为错误数据而失去读者的信任。

这些经历让我意识到，ChatGPT 并不保证所提供内容的真实性和准确性，作为作者，我们一定要检查 ChatGPT 生成内容中的事实性信息，否则极有可能闹出大笑话或者导致错误的分析与判断。

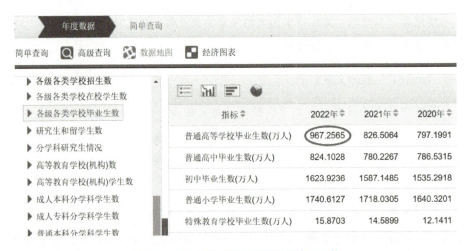

图 5-1　2022 年全国普通高等学校毕业生数

5.3　改开头（引言）

在第 4 章中，ChatGPT 根据大纲为我们生成了关于副业的文章，其开头如下。

A　在当今竞争激烈的职场环境中，许多职场新人面临着压力和挑战。他们渴望脱颖而出，寻求更多的机会和收入来源。因此，许多职场新人对做副业抱有浓厚的兴趣和强烈的好奇心。做副业似乎是一条获得额外收入、开拓更广阔发展空间的途径，引得职场新人们纷纷追捧。

然而，尽管副业有其吸引力，但我要坦诚地告诉你，不应该急于涉足副业。在这篇文章中，我将详细解释为什么职场新人应该将重心放在主业上，而不是分心于副业。让我们一起来看看相关的原因和论据。

这个版本的开头，吸引力不强。

为了增强文章开头的吸引力，我重写了一版开头。

昨天有个客户来咨询，她工作两年半后被公司辞退，连续找了 3 个月工作，只拿到了一个降薪 20% 的 Offer，平薪的、涨薪的 Offer，一个都没有。详细了解情况后，我发现她在过去的两年多里，花了大量精力做短视频、小红书等副业，对主业没怎么用心，这导致她工作了两年半还像刚毕业的学生一样，无法独立完成任务。

咨询结束后，我不由得想到了那个被多次问到的问题——职场新人到底该不该做副业？

我的建议很明确：职场新人不要做副业。接下来，我将从 3 个方面解释为什么职场新人不要做副业。

这版开头讲了一个案例，其中有和读者背景相似的具体的人，有易引发共鸣的问题，可以触动读者，激起读者的阅读兴趣。

扫码关注公众号"AI 写作轻松学"并回复关键词"105"，查看人工编辑后的关于做副业的文章。

要想改出更好的文章开头，就要先了解常见的开头"套路"。以下是 6 种典型的文章开头方法：

- 开门见山；
- 讲故事；
- 引述热点；
- 描述情景；
- 提问；
- 利益前置。

接下来我们逐一介绍这 6 种方法。

（1）开门见山

开门见山指在文章开头直接点明接下来要讲述的主题。

罗伯特·西奥迪尼的经典图书《影响力》的第 5 章，主要讲述"喜好"这种影响力武器。该章第一个段落的开头如下。

我们大多数人总是更容易答应自己认识和喜欢的人所提出的要求。对于这一点，恐怕不会有人感到吃惊。令人吃惊的地方在于……

这个段落的第一句话开门见山，直奔主题，点出本章主旨。

公众号"安晓辉生涯"的文章《互联网"大厂"集中裁员的5种原因》，开头是这样写的。

最近身边很多人都在讨论互联网还"香"不"香"，因为"大厂"都纷纷裁员。其实，在我看来，2022年互联网"大厂"集中裁员，本质是增长乏力，具体有5种原因。

只用两句话，就表明了作者的观点"2022年互联网'大厂'集中裁员，本质是增长乏力"，并且引出了文章的主题"互联网'大厂'集中裁员的5种原因"。

开门见山是一种特别实用的方法，许多阐述观点、传递专业知识的文章，都很喜欢用这种方法。在自媒体时代，有明确的态度和主张的文章，也很受读者欢迎。所以，如果你在写作时，实在不知道怎么写开头，就可以用开门见山的方法。

（2）讲故事

多数人都喜欢看故事，用故事开头，很容易引起读者的兴趣。

吴军的《见识》中有一篇文章——《西瓜与芝麻》，开头如下。

我在商学院讲课时，常常讲这样一个故事。

王妈妈生了三个女儿，大女儿初中刚毕业，王妈妈就让她外出打工去挣钱了。大女儿到了富士康，每个月能挣2000多元，女孩很孝顺，除了自己花，还寄给妈妈一些。王妈妈觉得不错，等二女儿读完初中就让她辍学，也到深圳去给郭老板打工挣钱去了。当然，王妈妈又有了一份收入。每送出去一个女儿，她就多一份收入，但是即使如此，她的日子依旧过得紧巴巴的，看不到前途。

王妈妈孩子的老板郭台铭则不然，他从每个女工身上赚20%的剩余价值，但是雇了几百万名像王妈妈女儿这样的员工，这使得他的财富在2017年达到了480亿元人民币左右。因此，以王妈妈的思维方式不仅永远接近不了郭台铭的水平，也不能理解自己为什么穷……

这个开篇通过一个生活化的故事吸引读者，让读者在不知不觉中跟随作者设定的讨论方向——前进。

公众号"安晓辉生涯"的文章《从月薪3500到年入百万,他用了10年,有4点感触》,开头如下。

李小波,2008年毕业于一所民办大学,参加Java培训后,在一家外包公司做程序员,月薪为3500元。2018年,他成了敏捷教练,年入百万。如此之大的跨越,他是怎么实现的?让我们跟着他的脚步来看一看。

这个开头讲了一个逆袭的故事,迅速引起读者的好奇心,让他们对下文产生兴趣。

很多人可能担心没故事可讲,实际上,文章开头能讲的故事,范围相当广泛,可以是个人经历、朋友的故事、名人轶事、虚构的故事、电影情节等,你总能找到适合你的文章的"故事"。

如果你想要吸引读者的注意力,那就打开思维,选一个契合主题的故事,通过设置故事走向,将读者导向你要讨论的话题。

(3)引述热点

热点自带吸睛要素,很容易引发读者的阅读兴趣,因此,许多文章都以热点作为开头。

公众号"王耳朵先生"中的一篇文章,选题是"信息茧房",但文章一开始并没有提"信息茧房",而是贴了一组郑州×马仕开业时的现场照片,巧用热点吸引读者往下阅读。讲完×马仕的热点后,作者紧接着抛出第二个热点——"外来务工大叔找不到工作没钱吃饭",将其与第一个热点对比,经过一番分析,引出文章主题——"长期处于'信息茧房'之中,是一件极度危险的事情"。

这样的文章开头,热点接热点,让人兴致盎然,自愿阅读下去,一探究竟。

公众号"Hollis"的文章《全网连夜修复的Log4j漏洞,如何做到一行代码都不改?》发表于2021年12月29日,其开头是这样写的。

Apache Log4j2 远程代码执行漏洞的问题最近闹得沸沸扬扬,很多人都被大半夜叫起来紧急修复这个问题。

有很多人在微信上问我:这种漏洞还能怎么修复?下次有问题还要再升级版

本吗？有没有一劳永逸的办法？就没啥办法避免吗？

其实是有的。有一种技术，可以针对这类漏洞做定向拦截，可以让开发者不用急急忙忙修复这个漏洞，甚至不修复都可以。

这就是 RASP 技术。

Apache Log4j2 远程代码执行漏洞，是 2021 年 12 月初互联网领域的热点事件，在文章的目标读者中传播度很高，所以文章以漏洞问题开头，引出 RASP 技术，这样很容易吸引读者。

各种类型的文章都可以使用引述热点的方法开头，但要注意的是，热点与文章主题的结合要自然和谐，否则会适得其反，惹人弃文。

（4）描述情景

描述一个读者容易代入的情景，让读者产生共鸣，自然而然地往下阅读，这也是一种常见的开头方法。

《清醒思考的艺术》一书中关于"从众心理"的文章开头如下。

你去参加一场音乐会，在十字路口遇见一群人，他们一个个仰望天空。你不假思索，也仰头观看。为什么？因为从众心理。音乐会期间，当表演到精彩之处时，一个人带头鼓起掌来，于是整个大厅里顿时掌声雷动，你也会跟着鼓掌。为什么？因为从众心理……

这个开头，快速描述了两个情景，每一个情景都能令读者暗暗点头，心想自己也会如此，然后就会想看作者要表达什么，对作者要讨论的"从众心理"产生期待和认同，就更愿意读下去。

公众号"安晓辉生涯"的文章《降低精神内耗的 3 个建议》开头如下。

上完一天班，好多人都觉得累。有些人的累，是体力耗竭。有些人的累，是用脑过度。但有些人的累，既不是体力耗竭，也不是用脑过度，而是"实际上没干什么事情但心理上却觉得很累"。这种累，实际上是"精神内耗"。

寥寥数语，描绘了"什么也没干却觉得心里很累"这种现象，让许多人感慨"这说的不就是我嘛"，然后就会不自觉地读下去。

你也可以有意使用这种方法来开头，只要你常常琢磨自己的文章主题能够与哪些工作或日常生活中的哪些情景发生关联，久而久之，你就能掌握这种方法。

在使用描述情景这种方法时，要注意一点：不必事无巨细、面面俱到地刻画情景，只要简单勾勒出关键画面、共性行为或情绪，达到快速吸引读者注意力的效果即可。

（5）提问

在文章开头提出一个问题，容易引起读者的好奇心，也容易引发思考，是非常好的开头方法。

下面是刘润的《底层逻辑：看清这个世界的底牌》中《公平、公正与公开》这篇文章的开头。

每年高考结束，都会有很多关于高考的讨论。其中一个话题已经讨论了四五十年，即用一场考试来决定一个人的人生，公不公平？

是啊，到底公不公平？

这个开头提出的问题，经历过高考的人看见了都会忍不住在心里附和："是啊，公不公平？"然后就会好奇刘润要怎样回答这个问题，便会继续阅读下去。

公众号"安晓辉生涯"的文章《假设40岁时会被裁员，那你现在会做什么》开头第一句话，就抛出了一个揪心的问题。

周六晚上在职场研习社例行的直播答疑中，有个伙伴问我对这个问题的看法——如果明确知道40岁时会被裁员，那你现在会做什么？

如果你是职场人，就会被这个问题"戳"中，不由自主地思考："万一我碰到了40岁被裁员的情况，该怎么办？"一旦开始思考，你就会想读下去，看看作者会讲些什么。

提问可以吸引读者的注意力，也可以带来互动感，拉近与读者的距离，是最常见的开头方法之一。运用这种方法时，需要谨慎设计问题，以保证它与读者紧密相关，否则，读者很容易丧失阅读欲望。

（6）利益前置

所谓利益前置，是指把读者能从文章中获得的价值放在最开始，其核心是将结果和好处提前告诉读者，吸引读者继续读下去。

利益前置有两种典型的做法。

第一种是承诺效果，告诉读者"你看了我的内容肯定会有某种收获"。

韩老九在知乎问题"很想努力拼命一把，但没有动力坚持下去怎么办？"下面的回答，开头如下。

接下来我说的这些方法，可能会触动你内心深处最柔软的地方，会引起不适。但它可以让你做出改变，真正爱上学习。

这个开头一来就承诺能让读者真正爱上学习，吸引了许多人阅读，获得了7.9万人的赞同。

第二种是摆资格，暗示读者"我会在后面给出超出预期的东西"。

我在"什么事是你辞职后明白的"这个知乎问题下的回答，开头是这样的。

从2002年工作以来，我待过8家公司，经历了8次离职，回顾一下，有4件事是我离职后才有深刻体会的。

这篇回答第一段先说自己待过8家公司，经历了8次离职，就是告诉读者，我有足够的资格回答这个问题，后面的内容很可能对读者有启发。

刚才举的两个例子，都是知乎问题回答。实际上，利益前置不仅对知乎问题回答这类内容重要，对公众号、今日头条等各种内容平台的文章都很重要。因为现在是读屏时代，读者会一屏一屏快速浏览，只有被你的文章开头吸引，他才会继续阅读下去，否则，你的文章就会被判"无用"，从而被移出视线范围。

5.4 改结尾

就ChatGPT生成的内容来讲，结尾是另一个需要用心修改的地方。

我在试验写作结尾的提示时，曾经指导ChatGPT借助名人名言为"职场新人不要做副业"这篇文章写了一个结尾，内容如下。

A 在这个追求快速成功的社会，我们常常听到*"成功并不是偶然的，而是必然的结果"*。然而，真正的成功需要深思熟虑的计划和长期的努力。因此，职场新

> 人要想取得成功，就要专注于提升自己的专业能力，而不是分心于副业。只有通过不断地学习和磨炼，职场新人才能成为真正的专业人士，获得职业上的成功。

仔细阅读上面的结尾，你会发现，ChatGPT 选择的名人名言和主题并不是十分贴切，有点"硬拗"的感觉。

我的观点是职场新人应当专注于主业，在主业中做出成绩后再择机考虑副业，所以选择罗曼·罗兰关于凿井的名言，会更合适。根据这句名言，结尾可以修改成下面这样。

罗曼·罗兰说过："与其花许多时间和精力去凿许多浅井，不如花同样的时间和精力去凿一口深井。"职场新人处于快速成长期，专业化是首要任务。因此，职场新人不应分心做副业，而应当专注于自己的主业，这样才能"凿出深井"，让自己快速成为真正的专业人士，获得职业上的成功。

这个结尾是不是比 ChatGPT 生成的结尾更为顺畅？

引用名人名言结尾，可以升华主题，增强文章的说服力，这是一种常见的结尾方法。《拆掉思维里的墙》中有一篇文章——《放掉人生的沉没成本》，结尾引用了泰戈尔的一句诗。

印度诗人泰戈尔在他的诗中写道：如果你因失去太阳而流泪，那么你也将失去群星。

所以，有效的做法就是在失去太阳的时候主动拥抱群星，这才是真正的智慧。

这句诗和文章主题高度契合，以它结尾，既能升华主题，又能触动读者的心灵，相当完美。

除了引用名人名言，以下 4 种方法也能让结尾变得更精彩：

- 总结重点；
- 重申观点；
- 呼吁行动；
- 提出问题。

下面我们来看看这几种结尾方法具体是什么，积累点"套路"，为更好地修改结尾奠定基础。

（1）总结重点

总结重点是我们经常用到的结尾方法，其一般做法是，在文章结尾对全文内容进行总结，再次重申重点。

公众号"安晓辉生涯"的文章《如何在职场中建立个人品牌》就用了"总结重点"这种方法来结尾。

好了，以上就是关于如何在职场中建立个人品牌的主要内容了。希望你读完这篇文章，可以理解什么是职场个人品牌，明白它可以带来哪些益处。更重要的是，你应当掌握在职场中打造个人品牌的4个步骤：找准定位、厚植实力、打造影响力事件、持续创造作品。

愿每个人都可以借助品牌思维经营自己的工作，不断成长，直到成长为自己想要的样子。

《做出好选择》一书中《沟通中无意和上级起了冲突怎么办》这篇文章的结尾如下。

最后我们总结一下和上级发生冲突这个问题。

首先，"意识到"很重要。"意识到"本身就是一种能力。相当多职场经验不够丰富的人，如果和上级发生了冲突，无论事前、事中、事后，都意识不到这是一种冲突，这会给对方的情感带来伤害。意识不到，自然就不会进行事后沟通，那很可能到最后发现"晋升不上去、裁员都有你"时还没想明白是什么原因。

其次，大恩怨来自小冲突。不少人离职的一个主要原因就是和上级存在恩怨。而这种恩怨就是由一次又一次没有解决的小冲突积累起来的。每一次冲突，如果你不去进行事后沟通，就会聚沙成塔，最后形成大恩怨，危及自己的职业生涯。小冲突小处理，就会避免大恩怨大爆发。

这个结尾梳理了全文的逻辑，提炼出应对"和上级发生冲突"这个问题的两个步骤。这也是典型的总结重点式结尾。

对于知识性、专业性、系统性较强的文章来讲，采用总结重点的方法结尾，是不错的选择。

（2）重申观点

对于阐述观点的文章，收束全文时用不同于开头的说法重申观点，是典型的结尾方法。

公众号"钱志亮工作室"的文章《教育部要求小学生学会煮饭：好好生活，才是孩子未来的顶级能力》，其开头部分提出了全文的总观点。

通过劳动课，尤其是家务劳动，孩子锻炼的是好好生活的能力，而这项能力是孩子未来幸福的关键。

结尾部分，换了种表达形式，重新强调了总观点。

幸福感都是靠自己创造的，在家务劳动中，孩子学到的就是如何认真地经营每一天，将日子过得丰盛。

孩子的成长不应该在一个只有学习的"玻璃罩"内，而应该与真实的家庭生活紧密地联系起来。

我们呼吁孩子早早地参与家务劳动，就是在培养孩子好好生活的能力，让他更加坦然地面对明天。

换种说法，重申观点，是中规中矩的结尾方法，容易操作，不易出错，效果也不错。

（3）呼吁行动

呼吁行动式结尾通过引导读者做出某种行动来结束文章，这是最常见的结尾方法之一。

下面是公众号"安晓辉生涯"的文章《KISS复盘法，简单好用的人生增长利器》的结尾。

现在，你就可以动手试一试，用KISS复盘法找出1～3件你会在2023年做的事情。

这个结尾号召读者立即动手试验KISS复盘法，是典型的呼吁行动式结尾。

下面是公众号"古典古少侠"的文章《一个人真正的成长，从少做事开始》的结尾。

少做事，是把事情做成、做大的关键。

从现在开始，希望你有意识地与"多做事"做斗争。

不要一味埋头做事，而应存储时间，多花脑力在更重要的事情上。

这个结尾先强调了全文观点，接着呼吁读者从"多做事"中跳出来，把脑力花在更重要的事情上。这也是典型的呼吁行动式结尾。

如果你要写的文章，旨在传授知识或教人做某件事，可以试试呼吁行动式结尾。

（4）提出问题

用提问的方式结尾，可以引发读者思考，增强读者的参与感。

《拆掉思维里的墙》一书中有一篇文章——《思维里的墙如何限制你》，它的结尾就是一连串的提问。

像当年的跑步者一样，你心中有没有自己世界的极限？有没有一些你认为不可能的事情，却在别人身上令人羡慕地发生了？那些人内心世界的极限，和你的有什么不同？有没有想过，真正限制我们的是我们思维里那堵看不见的墙？

读者看到这些问题，不由得展开深思。

公众号"安晓辉生涯"的文章《奇怪吗？工作干得好，领导也器重，可还是焦虑……》，结尾如下。

通过45分钟的咨询，我和木子一起，梳理了他的现状，找到了努力的方向。接下来，就是他结合实际情况，拟订计划，落地执行了。

木子的情况，一定会变幻出各种样子，出现在我们每个人的职场中，所以，我诚挚地邀请你来做个小小的思考题：如果你处在木子的位置，你会怎么做呢？

欢迎留言说出你的答案，我们一起交流。

这个结尾抛出了一个问题，邀请读者代入情景设想自己的做法，能够有效促使读者参与互动。

5.5 调整素材

ChatGPT 收到提示后，会根据要求和逻辑需要，选取或创作特定的素材，将其整合进内容。但它在运用素材时，常有不贴切的地方。根据我的经验，案例和数据这两类素材，需要我们重点关注。

案例方面，以下两类问题比较常见：

- 实例（有真实的人物、时间、地点、事件等信息）较少，虚例（没有真实的人物、时间、地点、事件等信息）较多，真实感稍差；
- 案例与观点可能不匹配。

因为这些问题的存在，我们在拿到 ChatGPT 写的文章后，最好先读一遍，查看其中的各种案例是否需要补充或替换。

以下文字是 ChatGPT 生成的关于副业的文章的一部分。

A 3.1 做副业可能占用本应用于主业的时间

职场新人通常需要投入大量时间和精力来适应新的工作环境，并学习与工作相关的技能。如果他们同时做副业，那么这很可能会占用他们本应用于主业的时间。举个例子，想象一位刚刚加入一家大型咨询公司的新人顾问。他刚开始面对复杂的项目和客户需求，需要全身心地投入工作。然而，他决定同时做一份副业，成为一名兼职摄影师。这意味着他要抽出大量的时间在主业之外进行摄影工作，这可能导致他无法全身心地专注于主业，并可能影响他在公司的表现。

案例中的主人公是利用业余时间进行摄影工作，并没有占用主业时间，与分论点"做副业可能占用本应用于主业的时间"不匹配。

此时我们就需要将其替换为匹配分论点的虚例或实例。我用一个实例替换了这部分内容，新版本如下。

3.1 做副业可能占用本应用于主业的时间

2016 年，我的一位同事的副业是经营卖办公家具的淘宝店。为了经营他的淘宝店，他在办公计算机上安装了阿里旺旺，以随时响应潜在客户的购买咨询。同时他还经常放下手头的工作去走廊接客户的电话，一去就是半小时以上。这样一来,他用于本职工作的时间大大减少,结果就导致各种工作任务没办法按时完成。

我补充的这个案例,真实且贴合分论点,比 ChatGPT 构造的虚例效果好不少。

分享一点经验:平日里多留心身边同事和朋友的经历,多复盘自己的经历,有意关注名人轶事,能有效积累素材,有助于更好地修改文章。

在数据方面,ChatGPT 生成的文章可能存在数据错误、数据不能有效证明结论或缺少数据等问题。

2023 年 5 月 7 日,我在回答一个知乎问题前,先问了下 ChatGPT。当时我用的提示如下。

P 你是人力资源专家,熟悉年轻人就业情况,对上班、做小生意等各种就业形势都很了解。回答问题:开放路边摊对年轻人来讲是否意味着有了新的就业选择?

ChatGPT 生成的部分内容如下。

A 是的,开放路边摊为年轻人提供了新的就业选择。

在中国,尤其是一些二、三线城市和农村地区,很多年轻人仍然面临就业压力。 开放路边摊为他们提供了创业的机会,他们可以在自己的社区或周边地区开设小型零售店铺、小餐馆等,创造就业机会并获得一定的收入。

与传统的找工作方式相比,开设路边摊的优势在于成本较低,而且在经营管理方面具有更大的灵活性和自主性。这对于一些缺乏经验和资源的年轻人来说,是一种很好的创业选择。

当然,开设路边摊也有其局限性,如市场竞争较为激烈,所以有这种想法的年轻人需要有一定的经营知识和技能。但总体而言,开放路边摊为年轻人提供了一种新的就业选择。

ChatGPT 生成的文章,给出了"年轻人仍然面临就业压力"这个理由来支撑"开放路边摊为年轻人提供了新的就业选择"这个论点。但 ChatGPT 没有提供相应的论据来支持它的理由,使得理由的可信度不高。如果补充路边摊带来的就业机会、就业的数据,会让论点更有可信度。

合适的案例和数据,能大大提高文章的可信度和说服力,所以我们拿到 ChatGPT 生成的文章后,最好先通读一遍,结合文章结论、理由、论证逻辑,评估文章所用案例和数据是否合适,不合适时酌情调整。

5.6 替换词语

有时候,ChatGPT 会使用一些"是那个意思但放在句子中读起来就有点别扭"的词语。此时,你可以选择你喜欢的词语或短语,替换掉 ChatGPT 所用的词语。这样一方面可以去掉一些"AI 味道",另一方面也可以增加你的"个人味道"。

图 5-2 所示为我使用 ChatGPT 生成的一版关于副业的文章中的一部分内容,我做了 4 处标注。

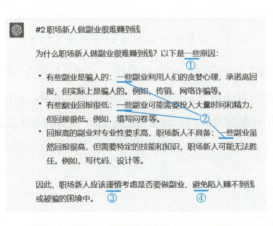

图 5-2 带标注的关于副业的文章内容片段

其中,标号为 ① 的词语"一些",换成"3 种典型",更显清晰、具体。标号为 ② 的词语"一些",换成"有些",会更符合我们日常说话的习惯。标号为 ③ 的文字"谨慎",换成"慎重",会更好。标号为 ④ 的词语"避免",换成"以免",读起来会更顺畅。

还有的时候,ChatGPT 会用词不当。

下面是我让 ChatGPT 编写的一个励志故事的一部分。

A ············

几个月后，李明掌握了多种编程语言，如 Java 和 Python，并开始着手开发自己的软件。他还积极加入在线编程社区，和其他程序员交流技巧和经验。

突然有一天，一家互联网领域的大企业联系到李明，邀请他加入他们的团队。这家企业正在开发一款新的社交媒体应用程序，他们需要一名有才华的程序员来帮助完成这个项目。李明非常激动，他终于有机会从枯燥的流水线工作中**脱颖而出**了。

进入这家企业工作后，李明发现自己已经掌握了他们需要的技术。他很快成了团队中的核心人物，他们的项目也很快得到了客户的认可。李明不仅为公司创造了巨大的价值，也展示了自己的才华和潜力。

其中以粗体显示的"脱颖而出"一词，含义和其所属的句子要表达的意思就不匹配，换成"逃离"，效果会比较好。或者，也可以把整个句子修改成下面这样。

李明非常激动，他终于有机会逃离枯燥的流水线工作了。

在替换 ChatGPT 的用词时，你选择用什么词语（短语），通常会体现出你的个人风格。你替换的词语越多，你的个人风格也会越明显。所以，如果你想避免文章千篇一律，最好是花点时间，替换掉 ChatGPT 使用的那些读起来别扭的词语。

5.7 修改句子

ChatGPT 生成的文章中，经常会出现一些"奇奇怪怪"的句子。

下面是我用 ChatGPT 生成的讨论成人学习的文章的一部分。

A 成人学习的挑战之一是时间和资源的限制。许多成人需要兼顾工作和家庭，这使得他们很难找到时间和资源去学习。例如，一位单亲妈妈可能需要工作来获得收入，并照顾孩子的日常生活，这使得她很难抽出时间去学习新的技能或知识。

另一个挑战是学习动力和意愿不强。成人学习通常缺乏激励、兴趣或目标，这使得他们很难保持学习的动力和意愿。**例如，一个已经工作多年的人可能感到满足于目前的工作状态**，他可能就没有动力和意愿去学习新的技能或知识。

第三个挑战是学习焦虑。许多成人可能由于自我怀疑、担心失败等原因而感到焦虑，这会影响他们的学习效果。例如，一个正在学习新技能的成人可能会因为担心自己不够聪明而感到焦虑，从而影响学习效果。

…………

其中，以粗体显示的句子，读起来就很别扭，不符合我们的表达习惯。

本书第 4.2 节展示了 ChatGPT 根据大纲生成的关于副业的文章，其中一个段落如下。

A 4.2 做副业消耗时间和精力，导致个人在优势方向上投入不足

在职场中，建立个人优势是非常重要的。然而，**如果职场新人过度投入于副业**，他们可能无法在主业的关键领域投入足够的时间和精力，从而无法建立起个人优势。举个例子，想象一位刚刚进入金融行业的年轻分析师。虽然他对股票市场有浓厚的兴趣，但他同时决定做副业——周末在当地一家音乐学校担任音乐教师。尽管他热爱音乐，但额外的工作要求会占用他本应用于深入研究金融市场的时间和精力。结果，他可能无法充分发展自己在金融分析领域的专业知识和技能，这将限制他在职场中的成长。

这个段落中加粗的句子，介词"于"的使用不恰当，"过度投入于副业"读起来非常别扭。

对于这样的句子，你都应该按自己的表达习惯进行修改。

上面指出的两个句子，我会这样修改。

1. ChatGPT 的版本：一个已经工作多年的人可能感到满足于目前的工作状态。

我的版本：一个已经工作多年的人可能对目前的工作状态比较满意。

2. ChatGPT 的版本：如果职场新人过度投入于副业。

我的版本：如果职场新人在副业上花费过多时间和精力。

修改后的版本读起来就顺畅许多。

下面是我用 ChatGPT 生成的一个故事的一部分内容。

A ....

艾米看着这一切，心中充满了感动和希望。她的目的已经不再仅仅是寻找那个寄信人，而是改变整个小镇的氛围，让每个人都能够感受到关爱。

日子一天天过去了，小镇上的人们变得更加友善和热情。他们开始主动与艾米交流，邀请她参加各种活动，并给予她支持和鼓励。艾米的孤独感逐渐消失，取而代之的是属于她的快乐和温暖。

然而，尽管小镇上的人们给予了艾米无尽的关爱，但是谜底始终没有揭晓。**寄信人的身份仍然是个谜。艾米明白，那个寄信人或许永远都无法被找到**，但这并不重要了。

其中以粗体显示的句子，是一个使用不当的"被字句"，读起来极为拗口，若修改成"艾米明白，她可能永远也无法找到那个寄信人，但这并不重要了"，读起来就自然多了。

根据我的经验，ChatGPT 容易在被动句、倒装句、语序、多重定语、复句等方面出问题，你在使用 ChatGPT 写作时，可以多留意这些方面。推荐你研读一下《现代汉语》（增订六版）下册第四章——"语法"，里面对短语、句法成分、单句、复句、句群等有详细介绍，学习后能有效提高自己对句子恰当与否的敏感度，这对修改句子大有帮助。

5.8 优化衔接

ChatGPT 在上下文衔接上，有许多需要优化的地方。

图 5-3 所示是 ChatGPT 为一篇关于副业的文章生成的开头，我做了两处标注。

> 作为职场咨询专家，我见过许多职场新人渴望从副业中获得额外的收入和成就感。<u>然而</u>，我的建议是：职场新人不应该急于做副业，而应该专注于打造自己的主业。<u>在这篇文章中</u>，我将解释为什么职场新人应该避免做副业。
> ① ②

图 5-3　ChatGPT 生成的一篇关于副业的文章的开头

标号为 ① 的连接词"然而"，给人突兀之感，换用"不过"，衔接会更顺畅。标号为 ② 的短语"在这篇文章中"，换成"接下来"，表达会更符合我们的习惯。

下面是 ChatGPT 生成的一篇文章开头。

A　我们常常会遇到这样的情景：一年结束时，我们总会回顾过去的一年，发现自己好像没有做成什么了不起的事情，也没有完成太多的计划和目标。这种感觉让人感到沮丧和无力，我们开始怀疑自己是否真的有能力实现自己的梦想。**如果你也有这样的经历，那么不要担心，因为制订年度计划可以帮助你摆脱这种困境。**通过制订年度计划，你可以把你的目标明确下来，以更有条理的方式去完成它们。在本文中，我们将会分享一些关于制订年度计划的技巧和经验，让你在读完本文后就能立刻开始制订自己的年度计划。

这个开头中加粗显示的句子，虽然使用了"如果""那么""因为"这 3 个连接词，但读起来一点也不流畅，反而滞涩感强烈。将其改成下面这样，会好一点。

你可能也有这样的经历，不过不用担心，制订年度计划可以帮助你摆脱这种困境。

刚才举的两个例子，针对的是同一段落内不同句子之间的衔接问题。实际上，段落之间也存在类似的问题。

以下内容来自我用 ChatGPT 生成的一个故事。

A　艾米知道，即使她永远不会知道那个寄信人的真实身份，她心中也已经有了答案。那个无私的寄信人代表着所有那些在她最需要时伸出援手的人。他是那些为她带来温暖和勇气的人的集合体，是无私和善良的象征。

艾米决定将自己的故事写成一本书，希望能够将这份感动和希望传递给更多的人。她用文字记录下自己的成长和改变，倾诉内心的喜悦和痛苦。这本书成了一本畅销书，触动了无数读者的心灵。

随着时间的推移，艾米的影响力扩大了。她成了一个受人尊敬和崇拜的人物，但她仍然保持着谦逊和善良。她利用自己的知名度和资源，致力于改善社会，关注弱势群体，为他们带去温暖和希望。

然而，尽管她的事业和声誉蒸蒸日上，她始终没有忘记那封改变她一生的信。她保存着那封信，将它放在心中最珍贵的角落。每当遇到困难和挑战时，她都会重新阅读那封信，重新点燃内心的勇气和希望。

上面内容中以粗体显示的句子，用了"然而"和"尽管"两个表示意思转折的词语，这导致这个段落和上一个段落之间的连贯性出现问题。把这句话改成下面这样，会好一些。

尽管艾米的事业和声誉蒸蒸日上，她每天忙得不可开交，但她始终没有忘记那封改变她一生的信。

下面是 ChatGPT 生成的另一个故事的部分内容。

....

他们开始频繁地接触，从工作上的合作到私下的聚会。李婷发现自己逐渐被陈旭吸引，但她也知道他们来自完全不同的世界。李婷努力平衡工作与感情，但情感纠葛开始占据她的内心。

就在这个时候，李婷得知她的公司即将被兼并，这意味着她的工作岌岌可危。她感到沮丧和无助，不知道未来会怎样。

然而，正是在这个困境中，陈旭伸出了援手。 他向李婷提供了一个机会，让她加入他的投资团队，并为她创造了一条新的职业出路。

其中以粗体显示的句子与上一个段落之间语义衔接不畅。改成下面这样，会好一点。

正当李婷不知如何是好时，陈旭伸出了援手。

据我观察，ChatGPT 生成的文章，复句中的多个单句之间、句群中的多个句子之间、段落之间，常常存在各种各样的衔接问题，我们要想获得高质量的文章，一定要读一读、品一品，将衔接问题识别出来，将句子改顺畅。

分享两点经验：

- 平时多读好书、好文，培养语感；
- 修改文章时，出声朗读，通过捕捉朗读时的卡顿之处来发现衔接问题。

希望这些经验能对你有帮助。

本章从 8 个方面简要介绍了如何编辑 ChatGPT 生成的文章，实际上，你想精心打磨文章的话，还有很多角度和方法可以选择，你可以自行探索。

这里推荐几本对修订文章很有帮助的书，你想在写作上精进的话可以研读：

- 《现代汉语》（增订六版，上、下册，黄伯荣、廖序东主编）；
- 《作文六要》（王鼎钧著）；
- 《文心》（夏丏尊、叶圣陶著）；
- 《七十二堂写作课》（夏丏尊、叶圣陶著）。

第 6 章　ChatGPT 写作的常见问题

使用 ChatGPT 写作时，如下 4 个问题比较常见：
- 文章没生成完就停止了；
- 无法输入长资料；
- 生成的内容千篇一律；
- 不知道怎么细化写作提示。

接下来我针对每个问题给出应对办法，供你参考。

6.1　文章没生成完就停止了怎么办？

文章没生成完就停止了，有 4 种应对办法。

（1）使用"继续"指令

生成中断时，我们可以使用"继续"指令，让 ChatGPT 继续生成文章。提示模板如下。

继续

收到这个指令，ChatGPT 一般会接着生成文章，如图 6-1 所示。

> 总的来说，内卷是一个复杂的问题，它既与个人的生活方式和价值观有关，也与社会的结构性问题密不可分。解决内卷问题需要全社会共同努力，政府需要出台相应的政策，促进社会公平与正义，同时个人也需要调整自己的生活

图 6-1　使用"继续"指令应对生成中断

> 继续

方式和价值观,在保持适度的竞争和自我实现的同时,注意身心健康和人际关系的平衡。此外,教育和就业制度的改革也是解决内卷问题的重要方向。

在解决内卷问题的过程中,我们也需要从价值观的角度进行思考。过度强调功利主义和个人竞争,不仅容易导致内卷问题的出现,还可能导致社会的道德感和人文素质的下降。因此,我们应该弘扬人类共同的价值观,包括互助、共享、合作和关爱,建立一个和谐、包容和有爱的社会环境。

综上所述,内卷问题已经成为当今社会的一大难题。要解决内卷问题,我们需要从多个方面入手,包括制度、价值观等多个方面,全社会共同努力,才能够实现真正的社会公平和正义。

图6-1 使用"继续"指令应对生成中断(续)

有时候,ChatGPT收到"继续"指令,会开始胡乱生成内容,如图6-2所示。

2. 职场新人做副业会影响主业

2.1 做副业可能占用本应用于主业的时间
由于副业需要时间的投入,如果职场新人在副业上花费了大量的时间,就会导致用于主业的时间不足,其在主业中的表现就无法达到应有的水平。比如,一个工程师在做副业的时候可能会忽略他的主业工作任务,导致工作延误和工作质量不佳。

2.2 做副业消耗精力过大,会影响主业
除了时间,副业也需要精力的投入。如果职场新人在副业上花费了太多的精力,就会在主业中表现不佳,影响职业发展。例如,一个营销专员在做副业的时候可能会经常熬夜,这样就会导致疲劳和精神状态不佳,从而影响他在主业中的表现。

3.

> 继续

图6-2 收到"继续"指令,ChatGPT胡乱生成内容

图 6-2 收到"继续"指令,ChatGPT 胡乱生成内容(续)

还有的时候,ChatGPT 收到"继续"指令,会罔顾之前的大纲,自顾自地生成一些内容,然后在某个节点停下来,而非依照大纲完成内容的生成。

遇到这种情况,可以试试接下来的方法。

(2)从(某处)开始继续

如果你发送"继续"指令后,ChatGPT 生成重复的内容或者跳转到一个莫名其妙的地方继续输出,你可以把之前生成的最后一段内容提供给 ChatGPT。提示模板如下。

> 从(某处)开始继续 [指令]

其中,"(某处)"可以是之前生成的内容的最后一句话,也可以是你提供给 ChatGPT 的编号;"[指令]"是你之前发送给 ChatGPT 的提示中的指令,如写、生成、介绍等。

有一次我让 ChatGPT 根据一份关于副业的文章大纲生成文章,它生成到 2.2 节时停了下来,我就发送了下面的提示给它。

P 从(2.2)开始继续写

ChatGPT 理解了这个提示,继续输出,如图 6-3 所示。

图 6-3 ChatGPT 接收"从(2.2)开始继续写"提示后生成的内容

> 2.2 做副业消耗精力过多，会影响主业
>
> 除了时间，副业还需要投入大量的精力。因为职场新人刚开始工作，通常需要更多的学习和适应时间，这时候如果还要投入过多的精力去做副业，就很容易导致在主业上表现不佳。
>
> 例如，如果你是一名律师，刚刚加入律师行业，需要花费大量时间和精力去学习法律知识和分析案例。如果你此时还要去做一些副业，比如开一个网店卖自制手工艺品，你就很有可能会因为过度分心而错过了某个案子的重要细节，或者在法庭上无法集中精力，从而影响自己的职业发展。
>
> 3. 职场新人做副业影响优势打造
>
> 3.1 做副业会导致过度忙碌，没时间思考长远发展方向
>
> 职场新人应该专注于打造自己的优势，通过持续地学习和积累经验来提高自己的竞争力。然而，如果你沉迷于副业，就很容易

图 6-3　ChatGPT 接收"从（2.2）开始继续写"提示后生成的内容（续）

还有一次，ChatGPT 在生成一段文字后停了下来，我便给了它下面的提示。

P 从（当然，对于某些人来说，副业可能是一种兴趣爱好，或者是一种创业机会。）开始继续写。

它也接着往下写了，如图 6-4 所示。

> 4. 基于上面3种原因，职场新人不要做副业
>
> 综上所述，对于职场新人来说，做副业的成本往往高于收益。首先，做副业很难赚到钱，有些"副业"是骗人的，有些副业回报很低，而回报高的副业对专业性要求高，职场新人不具备。其次，做副业会影响主业，可能会占用本应用于主业的时间和精力，影响主业表现，并且会影响你在优势方向上的投入。最后，做副业还会导致过度忙碌，使你没时间思考自己的长远发展方向。
>
> 当然，对于某些人来说，副业可能是一种兴趣爱好，或者是一种创业机会。

图 6-4　ChatGPT 从某个句子开始继续写

从(当然,对于某些人来说,副业可能是一种兴趣爱好,或者是一种创业机会。)开始继续写。

当然,对于某些人来说,副业可能是一种兴趣爱好,或者是一种创业机会。如果你真的热爱你的副业,而且你认为它有发展前景,那么你可以继续。但是,对于职场新人来说,更重要的是专注于主业,并为长远的职业发展打造优势。

在职场上,投入时间和精力来发展自己的技能和专业知识是至关重要的。你需要不断学习和成长,以成为行业中的优秀人才。这意味着你需要投入大量时间和精力来研究市场趋势,学习新的技能。

图 6-4　ChatGPT 从某个句子开始继续写(续)

(3)从以下信息开始继续写

当中断之前的内容较长时,可以换用下面的提示模板,这样更易读。

> **从以下信息开始继续写:**
> **[上次生成的最后一段内容]**

我在某次遇到中断时,按上面的模板给了 ChatGPT 下面的提示。

P 从以下信息开始继续写:

总之,做副业可以获得非常有价值的经验,但是职场新人需要认识到副业带来的挑战和风险,并根据自

结果如图 6-5 所示。

4. 寻求支持:你可以独自做副业,也可以寻求支持和建议。与其他做相似副业的人交流,参加相关的社交活动或者论坛,这些都可以为你提供宝贵的建议和指导。

总之,做副业可以获得非常有价值的经验,但是职场新人需要认识到副业带来的挑战和风险,并根据自

从以下信息开始继续写:

图 6-5　ChatGPT 接收"从以下信息开始继续写"提示后生成的内容

总之，做副业可以获得非常有价值的经验，但是职场新人需要认识到副业带来的挑战和风险，并根据自

 己的情况谨慎决策。如果你决定尝试做副业，这里有一些建议可以帮助你实现收益最大化并尽量降低风险。

1. 寻找有保障的副业
   在选择副业时，最好选择那些有保障的副业，这样可以降低风险，避免被骗。例如，可以选择信誉良好的网上兼职平台，这些平台通常会提供保障，确保你获得合理的报酬。此外，可以考虑那些有固定客户群的副业，比如代理。
2. 利用你的优势和技能

图 6-5　ChatGPT 接收"从以下信息开始继续写"提示后生成的内容（续）

值得注意的是，每一次续写，ChatGPT 生成的文本的详细程度可能是不一样的。有可能最开始生成的内容相对简单，续写的内容相对详细。你在采用时可能要调整一下。

（4）分批次生成长文章

如果你想要生成长文章，但害怕中断，可以先整理一份大纲，然后指导 ChatGPT 根据大纲分批次生成内容。

这里有两种做法，一种做法我们在前面章节中介绍过了，就是给大纲编号，让 ChatGPT 记住大纲，然后按编号生成。另一种做法比较简单，就是自己手动把文章大纲拆分成多个部分，分别提交给 ChatGPT，让 ChatGPT 分批次生成内容。

还是以前面的关于副业的文章为例，它的大纲如下。

1. 引言

1.1 许多职场新人很想做副业

1.2 职场新人不应该做副业

2. 职场新人做副业很难赚到钱

2.1 有些副业是骗人的

2.2 有些副业回报很低

2.3 回报高的副业对专业性要求高，职场新人不具备

3. 职场新人做副业会影响主业

3.1 做副业可能占用本应用于主业的时间

3.2 做副业消耗精力过多，会影响主业

4. 职场新人做副业影响优势打造

4.1 做副业容易过度忙碌，导致没时间思考长远发展方向

4.2 做副业消耗时间和精力，导致个人在优势方向上投入不足

5. 总结

5.1 职场新人不要做副业

5.2 职场新人要专注于发展主业

我们可以把这份大纲拆分成 5 个部分，给每一部分配上提示，分批发给 ChatGPT。

第一部分对应的提示如下。

P 以下是一篇文章大纲的一部分，请生成对应的内容。要求内容简洁，语言通俗、吸引人。

1. 引言

1.1 许多职场新人很想做副业

1.2 职场新人不应该做副业

第二部分对应的提示如下。

P 以下是一篇文章大纲的一部分，按以下指示生成对应的内容：使用详细的例子阐述观点和理由。

2. 职场新人做副业很难赚到钱

2.1 有些副业是骗人的

2.2 有些副业回报很低

2.3 回报高的副业对专业性要求高，职场新人不具备

其他部分的提示是类似的，这里不做展示了，你可以自行编写。

用这种分批次生成的办法，会遇到一个问题：每次生成的内容，都会有引导语、结论等部分。合并分批次生成的内容时，需要手动删除这些部分。

6.2 无法输入长资料怎么办？

你想让 ChatGPT 分析长资料时，会发现没办法一次性输入。

这个问题的解决办法和生成长文章类似——拆分资料，分批输入。具体操作时，你需要给拆分出的每一批资料编号，方便后续请 ChatGPT 分析时引用。

编号时，可以使用一些特殊符号，如"#n""@n"等，其中的"n"是每一批资料的序号。

公众号"安晓辉生涯"发布过一篇题为《如何在职场中建立个人品牌》的文章，这篇文章篇幅较长，我从中选取了一部分内容作为示例，演示输入长资料的具体过程。

首先，我告诉 ChatGPT 编号规则和它要做的事情，提示如下。

P 接下来我会分批提供给你一些资料，每一批资料的开头是该批资料的编号，编号由符号"#"和一个阿拉伯数字顺次组成，如"#1""#8"。你记录收到的每一批资料和它的编号，不要分析或摘要，只回答"已记录"，其他任何事情都不要做。我发送"< 资料录入结束 >"给你时，代表所有资料录入完毕，你要回复"已记录所有资料"，然后等待指示，其他任何事情都不要做。现在，请等待我提供资料。

ChatGPT 收到提示后生成的回答如图 6-6 所示。

好的，我会按照您的要求记录每一批资料及其编号。请开始提供资料。

图 6-6　ChatGPT 理解记录资料提示

然后，我开始分批提供资料。

图 6-7 展示了 ChatGPT 录入第一批资料的过程。

图 6-8 展示了 ChatGPT 录入第二批资料的过程。

图 6-9 展示了 ChatGPT 录入第三批资料的过程。

#1:

职场个人品牌,会给你带来3个典型的益处。

第一,职场可见度会大幅提升,影响力显著增大。

当你没有个人品牌时,别人往往不知道你的名字,即便知道,你的名字也仅仅是职务前面或后面的一个符号,别人不会觉得你有什么特别之处。而当你有了个人品牌,别人一下子就知道你是谁,你能干什么,有什么样的问题可以找你帮忙解决。这个时候,你与没有个人品牌的人相比,就拥有了更高的可见度和影响力。

比如你在公文写作方面建立了个人品牌,那么有人在写正式的汇报材料、宣传材料方面有问题时,就会想到你,向你咨询。

比如你在心脏搭桥手术方面建立了个人品牌,那只要有相关的疑难杂症,大家就会想到你,邀请你参与会诊。

个人品牌可以大幅提升你的可见度与影响力,这是它带给你的直接益处。

 已记录 #1。

图 6-7　ChatGPT 录入第一批资料

#2:

第二,获得更多的资源和机会。

拥有个人品牌,意味着你是某个方面的"头部"。而在多数单位,资源和机会都会自然而然地向"头部"倾斜,如设备、信息、资金、升职、加薪、奖励、荣誉等。

甚至在公司外部,你也会获得更多的机会,比如更好的平台、额外的工作机会、行业会议上的分享等。

资源和机会带来马太效应,会帮你吸引更多资源和机会,于是你所拥有的资源和机会就会像雪球一样,越滚越大,越来越多。

 已记录 #2。

图 6-8　ChatGPT 录入第二批资料

#3：

第三，提升幸福感。

个体有3个基本的心理需求，即胜任需求、自主需求和归属需求。

拥有个人品牌，意味着你在某个领域有足够的能力搞定大大小小的难题，这会满足你的胜任需求。

拿到更多资源和机会，意味着拥有更多的选择权，你会觉得自己可以掌控很多事情，你的自主需求会在一定程度上得到满足。

拥有个人品牌，会得到更多关注，会有更多的人愿意与你建立联系，愿意支持你，这会满足你的归属需求。

胜任需求、自主需求和归属需求的满足，会为你带来幸福感。

已记录 #3。

图 6-9　ChatGPT 录入第三批资料

作为测试，我只提供了 3 批资料，然后发送提示 "< 资料录入结束 >" 给 ChatGPT，它的回答如图 6-10 所示。

<资料录入结束>

已记录所有资料。请确认收到所有资料。

图 6-10　资料录入结束，ChatGPT 已记录所有资料

接下来，我做了一个简单的测试，验证 ChatGPT 能否整合 3 批资料。

图 6-11 中，ChatGPT 分析了 3 批资料，给出了正确的回答，可见这种方法是可行的。

根据编号为"#1""#2""#3"的资料，用一句话概括职场个人品牌的三大好处。

职场个人品牌的三大好处是：提升职场可见度与影响力，获得更多的资源和机会，以及提升幸福感。

图 6-11　验证 ChatGPT 能否整合 3 批资料

6.3 生成的内容千篇一律怎么办？

有不少学员问过我这个问题：ChatGPT 生成的内容千篇一律，怎么办？

沟通几次后，我发现大家担心的问题是"使用 ChatGPT 写出来的文章没有个人风格"，隐藏的需求是"让 ChatGPT 生成的内容带有自己的个人风格"。

要实现这个目标，有 3 种典型的方法。

（1）教 ChatGPT 学习自己的风格

本书 3.17 节"以指定的风格生成内容"已经演示了做法：把带有个人风格的文章提供给 ChatGPT，请它学习，然后让它使用该风格生成内容。

（2）人工编辑

将 ChatGPT 生成的内容视为草稿，通过人工编辑，去掉"AI 味道"，引入个人风格。

（3）使用微调模型

网页版 ChatGPT 3.5 使用的是基于大数据集的预训练模型，没有考虑到单个使用者的个人情况，所以你很难让 ChatGPT 完全依照你的个人风格和表达习惯来生成文本。

想让 ChatGPT 适应你的个人情况，可以使用 OpenAI 开放的 Fine-tuning 接口，训练并使用自己的微调模型。

概括地讲，使用微调模型分为 3 步：

① 准备和上传训练数据；

② 训练新的微调模型；

③ 使用你的微调模型。

具体做法则比较麻烦，你需要学习如何格式化数据，需要熟悉 Python，需要学习使用 OpenAI CLI 和 ChatGPT 的 API，可能还需要创建一个 Web 接口。具体请参考 OpenAI API 的文档"Fine-tuning"。

以上是 3 种应对 ChatGPT 生成的内容千篇一律的方法。对于普通的使用者来讲，推荐使用第（2）种方法，嫌麻烦的话，可以使用第（1）种方法。

6.4 怎样细化写作提示？

有位学员问我："怎样细化写作提示？"

这个问题典型且重要，因为使用 ChatGPT 写作，你提供的提示越细致、具体、清晰，得到的结果就越符合预期。

就我的经验来看，有 4 种典型的方法可以提升提示优化能力。

（1）学习典型的提示写法

有时候，提示的效果不好，是因为你没有掌握提示的写法，不知道怎样添加更细致、更具体的要求。

当你只知道基础指令提示（指令+对象描述）时，只能写出类似"写一篇都市爱情小说""分析能力与态度的关系"等简单的提示。

当你知道进阶指令提示（指令+对象描述+具体指示）后，就能写出带有各种补充要求的提示，如"按照以下指示介绍智能手机：用小学生能理解的语言；多用比喻帮助读者理解"。

所以，想要撰写清晰、具体的提示，首先要学习各种提示的写法。前面我们介绍过如下 4 种提示写法：

- 抛一个问题（详见第 2.1 节）；
- 基础指令提示（指令+对象描述，详见第 2.5 节）；
- 进阶指令提示（指令+对象描述+具体指示，详见第 2.6 节）；
- 带角色提示（指定角色+描述任务+补充要求，详见第 3.2 节）。

组合使用它们，就可以写出有效的提示。

另外，还有一些进阶的提示工程资料，你想深入研究的话，可以关注我的公众号"安晓辉生涯"，回复"提示工程"，即可获取相关资料。

（2）深入了解写作的主题

有些提示，只有你足够了解文章主题所涉及的领域才可能写出来。我们来看个例子，体会一下。

你不了解多线程编程，但想让 ChatGPT 写作多线程编程相关的文章，这时你提供给 ChatGPT 的提示可能是下面这样的。

P 生成一篇关于多线程编程的文章

这个提示只是宽泛地界定了文章方向,你根本不知道 ChatGPT 会怎么写作,用什么编程语言、有没有示例代码、讲解的详细程度……这些都是不确定、不可控的。

如果你了解多线程编程,了解 C++ 语言,并且想让 ChatGPT 写作多线程编程的文章,就可能使用以下的提示。

P 你是一位程序员和技术博客作者,精通 C++ 语言,熟悉多线程编程。请根据下面的文章大纲,按照以下指示生成文章:文章的读者是 C++ 编程新手;使用详细的示例代码解释知识点。文章大纲如下:

1. 多线程的概念

2. 使用多线程的好处

2.1 多线程可以提高程序的响应速度和吞吐量

2.2 多线程可以提高程序运作效率

2.3 多线程可以更好地利用多核 CPU,提高系统利用率

3. 在 C++ 中创建和使用线程

3.1 使用 std::thread 类创建新线程

3.2 传递函数指针或者 Lambda 表达式启动执行

3.3 通过 detach() 函数将线程分离

3.4 演示程序

4. 使用多线程编程的常见问题及解决办法

4.1 读写冲突

4.2 死锁

这一版提示就精细得多,结果就可控得多。

通过以上例子可以发现,深入了解写作主题后,你能够选择更准确的关键词,能够描述更多背景信息,能够提炼出文章的特征并将其描述出来,能够确认文章要点,能够给出文章结构,这些对编写好的写作提示都大有帮助。

(3)请 ChatGPT 提供提示示例

ChatGPT 知道什么样的提示是好的提示。当你想要 ChatGPT 达到某种目的但不

会写相应的提示时，也可以把你的目的告诉 ChatGPT，请它给出提示的推荐写法。

举个例子，你想通过提示指导 ChatGPT 生成有吸引力的标题，不知道怎么写提示效果更好，就可以先编写一个求助的提示（这是我做测试时使用的提示）。

P 如何写一个好的提示，以便 ChatGPT 帮我生成有吸引力的标题？

ChatGPT 收到这个提示后，回复了下面的内容。

A 要写一个好的提示，以便 ChatGPT 帮助您生成有吸引力的标题，可以考虑以下几个要素。

1. 指定主题或内容：明确指定您想要标题涵盖的主题或内容。这可以帮助 ChatGPT 聚焦在特定的领域或话题上，生成与之相关的标题。

2. 引起兴趣或好奇心：使用引人入胜的词语或触发好奇心的句子来吸引读者。这样的标题能够激发读者的兴趣，促使他们打开文章。

3. 突出独特性或特点：描述您期望标题突出的特点或卖点。这可以帮助 ChatGPT 在生成标题时注重突出文章的独特之处，以吸引读者的注意。

4. 使用有力的动词或形容词：在提示中使用有力的动词或形容词来增强标题的表现力和吸引力。这可以使标题更具活力，引起读者的兴趣。

5. 考虑受众和目的：思考文章的受众和标题想达到的目的。确定您希望标题传达的情感、信息或达到的效果，以便 ChatGPT 根据您的要求生成相应的标题。

以下是一个示例提示：

"请生成一个有吸引力的标题，讨论健康饮食的重要性。标题应引起读者的兴趣，并突出健康饮食的独特益处。考虑使用积极的形容词和动词来增强标题的表现力。该标题将用于一篇博客，目的是吸引读者关注博客并鼓励他们养成健康的饮食习惯。"

通过以上要点的指导，您可以编写一个清晰明了的提示，帮助 ChatGPT 生成符合您期望的有吸引力的标题。请注意，ChatGPT 生成的标题可能需要进行适度的调整，以确保其准确性、流畅性和吸引力。

可以看到，ChatGPT 不仅给出了建议，还提供了示例，你可以对其进行模仿、测试，逐步写出有效的提示。

（4）以终为始编写提示

好的提示，是参照文章成形后的样子写出来的。具体做法是这样的：

- 首先想象文章成形后的样子，把它的典型特征记录下来，比如文章中有对话、有数据、有表格、有示例代码；
- 然后用简短的语言描述这种特征，将其作为具体要求放入提示。

举个例子，你指定 ChatGPT 担任亲子沟通专家的角色，让它写一篇教妈妈使用 4F（Fact、Feeling、Finding、Future，事实、感受、发现、将来）沟通技巧辅导孩子改正错误的文章。

这篇文章成形后，有哪些特征呢？

最明显的特征有两个，一个是大量的对话，另一个是能引发妈妈共鸣的孩子的错误。

所以你在写提示时，就可以围绕这两个特征细化提示。

对于第一个特征，"用对话展示沟通过程"就是一个具体的指示，ChatGPT 收到后，就会编写妈妈和孩子间的对话。

对于第二个特征，"结合孩子的具体错误进行展示，如殴打同学、逃学等"就是一个具体的指示，ChatGPT 收到后，就会在文章中直接使用你举的例子或模仿你的例子构造一个同样具体的错误。

这就是以终为始编写提示的过程，你也可以采用这种方法，优化自己的提示。

以上我们介绍了使用 ChatGPT 写作经常遇到的 4 个问题，你在实践过程中，还可能遇到其他各种问题，可以通过公众号"AI 写作轻松学"联系我，与我一起探讨。

提示模板索引

通用公式

1	[指令][对象描述]	17
2	按照以下指示[指令][对象描述]:[具体指示]	17
3	[指令][对象描述],遵循以下指示:[具体指示]	17
4	[指定角色][描述任务][补充要求]	29

生成文章

5	[生成|写]一篇[主题]的[文章|评论]	11
6	让我们思考一下:[主题]	14
7	[写|生成]一个[故事相关信息描述]故事	59
8	[写|生成]一个[故事相关信息描述]故事,遵循以下指示:[具体指示]	60
9	[具体指示] 阅读以上指示,生成一个故事	62
10	按照英雄之旅结构生成一个故事,遵循以下指示:[具体指示]	64
11	[结构介绍] [范例1] [范例2] …… [任务描述]	89

生成大纲

12	[文章描述],请为这篇文章生成一份大纲	36
13	按照以下指示为文章生成大纲:[具体指示]	38

14	[指定角色]。[描述背景]。请你按下面的结构帮我生成一份大纲。 1. 是什么 2. 为什么 3. 怎么做	39
15	[文章及核心观点描述]。请你按照"{总—分—总}"的结构生成这篇文章的大纲。注意,"{总—分—总}"结构的规则是这样的：第一个"总"替换成文章的核心观点,"分"替换成"[n]"个支持文章核心观点的分论点,第二个"总"替换成核心观点的另一种表述方式	40
16	[待写文章描述]。请你按照"总—分—总"结构列出文章大纲	41
17	阅读下面的文章,列出大纲。 [文章内容]	102
18	阅读下面的文章,分析要点,输出列表。 [文章内容]	103
19	请针对第[n]个选题生成大纲	117
20	请为下面的观点提供3个理由,并为每个理由提供3个论据。 [你的论点]	149

生成段落

21	[写|生成]1段[关键词]的介绍	45
22	[写|生成]1段关于[关键词]的文字	45
23	[写|生成]1段[关键词]的介绍,遵循以下指示：[具体指示]	46
24	[写|生成]1段关于[关键词]的文字,遵循以下指示：[具体指示]	46

重写、缩写与扩写

25	换句话说"[段落内容]"	46
26	换句话说：[段落内容]	46
27	重写以下段落,[更详细的指示]：[待重写的段落]	47
28	[待扩展的内容] 请将此信息扩展为几个段落	48
29	用[n]个句子概述以下信息：[待概述内容]	52
30	用[n]个段落概述以下信息：[待概述内容]	52

收集素材（案例 / 数据 / 名人名言）

31	请提供 [n] 个很好的例子说明 [关键词] 的 [好处 | 坏处 | 错误]	54
32	提供 [n] 个 [情景描述] 的例子	54
33	请提供 [n] 个很好的例子说明 [关键词] 的 [好处 | 坏处 | 错误]，遵循以下指示：[具体指示]	55
34	提供 [n] 个 [情景描述] 的例子，遵循以下指示：[具体指示]	55
35	按照以下指示提供 [数据描述]：数据要真实，同时提供真实出处	56
36	引用 [名人名字] 的名言	57
37	提供 [n] 句谈论 [主题] 的名人名言	57

生成标题

38	阅读以下 [信息 | 文章 | 内容]，生成 [n] 个标题。 [文章内容]	67
39	[文章内容] 阅读以上内容，按照以下指示生成 [n] 个标题：[具体指示]	68
40	[文章描述] 阅读以上信息，按照以下指示生成 [n] 个标题：[具体指示]	69

生成摘要

41	[简要概括 | 总结][某文学作品]	80
42	[简要概括 | 总结] 下面的 [文章 | 信息 | 内容] [待摘要的内容]	81

写开头、写结尾

43	请为一篇 [主题描述] 的文章写一个开头	93
44	按照以下指示写一个开头：[具体指示]	93
45	按照以下指示写一个结尾：[具体指示]	96
46	请为以下文章生成一个 [对结尾效果的描述] 的结尾。 [文章内容]	98

| 47 | [文章内容]
阅读以上文章，按照以下指示编写一个结尾：[具体指示] | 101 |

续写

48	完成以下句子： [待续写的前半句内容]	73
49	完成以下段落： [段落开头]	73
50	从下面的文字开始续写 1 段话： [段落开头]	73
51	将下面的文字续写成 1 个段落： [段落开头]	74
52	完成以下文章： [开头内容]	75
53	下面是一篇文章的开头，请续写后面的部分。 [开头内容]	75
54	下面是一篇文章的开头，按照以下指示完成文章：[具体指示] [开头内容]	78

提供选题

| 55 | 提供 [n] 个讨论 [关键词] 的选题 | 30 |

辨析同义词

| 56 | 针对词语 "[具体的词语]"，提供 [n] 个同义词，[辨析 \| 解释] 每个同义词的含义，给出例句 | 66 |

设定语言风格

| 57 | 使用 [风格描述] 的语言，写一篇 [主题描述] 的 [短文 \| 文章] | 84 |
| 58 | 使用 [名人名字] 的语言风格，写一篇 [主题描述] 的 [短文 \| 文章] | 85 |

59	[你的文字] 学习上面的文章,使用它的语言风格,生成一篇 [主题描述] 的 [文章 | 短文]。注意,[附加要求]	87

为文章提供反馈

60	你是写作导师,可以分析别人的文章,在写作技巧、修辞、逻辑等方面提供改进建议,帮助别人提升写作水平。请阅读下面的文章,给出你的反馈和建议。 [文章内容]	104

审校文章

61	请扮演出版社的编辑人员,识别和更正以下文章中的错别字。请务必对您的更正提供清晰的解释。 [文章内容]	106

处理中断

62	继续	180
63	从(某处)开始继续 [指令]	182
64	从以下信息开始继续写: [上次生成的最后一段内容]	184